도시인의
월든

The Walden within

일러두기

• 본문에 실린 헨리 데이비드 소로의 저서 『월든Walden』의 인용문은 저자가 직접 옮긴 것이다.

The Walden within

도시인의 월든

부족하고 아름답게 살아가는
태도에 대하여

박혜윤 지음

다산
초당

이상한 사람들을 위한
고전

나는 미국 북서부의 시골에 사는데, 내키는 대로 사는 듯한 사람들을 자주 만난다. 우리 옆집 아저씨는 염소를 무척이나 좋아한다. 얼마나 좋아했는지 한때 백 마리도 넘게 길렀다. 그러다 2008년 세계 금융 위기 때 파산하며 염소들도 잃고 수십 년간 같이 산 아내와도 이혼을 했다. 우리가 그 아저씨를 만났던 2015년에는 재혼해 대문을 판매하는 세일즈맨으로 일하며 새 아내가 좋아하는 말을 여섯 마리나 두고 사는 중이었다. 그런데 작년에 가보니 말들이 보이지 않았다. 알고 보니 새 아내와 이혼하고 첫 번째 아내와 재결합해서 다시 함께 염소를 키우고 있었다. 적자만이 생존한다는 사회에서 어딘가 늘 어설퍼 보이는 이 아저씨도 살아남은 것이다, 염소를 유난히 좋아하는 그 모습 그대로. 그 옆에 사는 나 역시 이상하기는 마찬가지다. 시골에 아이들까지 데리고 들어와 농사를 짓기는커녕 정기적인 임금노동도 하지 않고 살고 있으니까. 거의 벌지도 쓰지도 않고, 미래를 준비하거나 계획하지도 않으며 산 지 벌써 8년째를 맞았다.

지금의 사회에서 살다 보면 가장 유망한 분야를 선택해 가장 효율적인 삶을 살아야 할 것 같다. 일도 똑부러지게 하면서 재테크도 하고, SNS에서 자기 브랜딩도 하고, 나의 약점은 어떻게든 극복해야 하며 자잘한 가능성은 모두 계발해야 할 것 같다. 그래야 살아남을 것 같다. 물론 그것도 인생을 사는 좋은 방법이다. 끝까지 달려보는 열정과 집념은 옆에서 보기에도 멋지다. 하지만 알고 보면 대부분의 사람들은 자신만의 소소한 이유로 그다지 합리적이지도, 경제적이지도 않은 선택을 하면서 그럭저럭 살아가고 있다. 삶의 실제 이야기는 적자생존처럼 단순하지 않다.

일관적이지도 효율적이지도 않은 채, 모순 가득한 그대로 살아가는 삶의 묘미를 탁월하게 포착한 작가가 바로 헨리 데이비드 소로다. 1854년 출간된 소로의 『월든』은 그가 사회를 떠나 월든 호숫가에 오두막을 짓고 살아갔던 시간의 기록으로 지금까지 전 세계적으로 사랑받는 고전이다. 많은 사람들은 이 책이 자연을 예찬하고 문명을 비판한다고 본다. 하지만 나는 『월든』을 한번 제멋대로 읽어보기로 했다. 소로의 말이 지향하는 가치들보다 그 말을 하는 소로의 태도와 맥락에 주목하기로 한 것이다.

소로는 길지도 않은 책 한 권에서 서로 반대되는 말을 여러 차례 하고, 우리가 가지고 있는 상식을 너무도 가볍게 비틀어 버리고는 근거도 대지 않는다. 어처구니없을 정도로 태연하다. '내 생각은 그렇거든. 내가 경험해 보니 말이야' 하는 게 다. 실제 삶에서도 소로는 요즘 같으면 악플에 시달릴 만한 일을 많이 했다. 완전한 자급자족과 자연 속 고독을 그토록 예찬하면서 실제로는 친구들을 찾아다니고 빨래는 어머니에게 맡겼다. 인간의 평등을 믿는 것 같지만, 스스로 우월하다 생각하는 엘리트주의자다운 면모도 분명히 있었다. 인생의 정답처럼 찬양했던 호숫가 오두막의 삶도 불과 2년 만에 접었다. 소로는 독자들에게 인생의 정답을 보여주려고 한 것이 아니라 모순이 가득한 그대로 자신을 보여주었던 것이다.

나는 이런 앞뒤가 맞지 않는 면 때문에 내가 『월든』을 그다지 좋아하지 않는다고 생각했다. 왜 좋은지 딱 떨어지게 설명할 수가 없어서 누군가에게 추천하지도 않았다. 그런데도 나는 자꾸만 『월든』을 펼치고 또 인용한다. 여기에서만 느끼는 작지만 특이하고 이상한 감동의 순간들은 너무나 소중해서 나를 행동하게 한다. 소로를 따라서 똑같은 행동을 한다는 게 아니라,

좋았던 구절을 거듭 뒤집어 보고 해석해 보게 한다. '뭐가 그렇게 좋았을까? 과연 진심으로 좋았던 걸까?' 생각해 보는 것이다. 싫어하는 부분이 나오면 건성으로 휙휙 넘어가다가도, 어느 대목에서는 단어 하나까지 짚어본다. 그러다 알았다. 나는 모순에도 불구하고 이 책을 좋아하는 것이 아니다. 실패를 그럴듯하게 포장한다는 비웃음, 위선자라는 야유, 이런 비난들은 소로가 살아 있을 때부터 지금까지 이어져왔다. 소로는 이 모든 이야기에 대해 잘 알고 있었다. 하지만 그는 변명할 필요를 느끼지 못했을 것이다. 복잡한 세상 속에서 자신의 고유한 느낌을 깊이 관찰하고 행동하는 삶을 살 때 으레 따르는 일이려니 했을 것이다. 내가 『월든』을 사랑한다면 그 이유는 모순까지 삶의 일부로 포용하는 이런 역동에 있다.

소로는 『월든』의 맺음말에서 자연에 대한 이야기 대신 윌리엄 해빙턴이라는 시인의 시구를 인용한다.

당신의 시선을 똑바로 내부로 향하게 하라
그러면 당신의 마음속에
아직 발견되지 않은 천 개의 지역을 발견할 것이니
그 지역을 여행하라
그렇게 당신 마음속 우주 지형의 전문가가 되어라

인생의 어떤 것은 모순이고, 어떤 것은 실패이고, 어떤 것은 성공인 것이 아니다. 그 모든 것이 삶이다. 남들이 평가하는 것과 삶은 별로 상관이 없다. 어디에서 어떤 모습으로 살든 우리는 각자의 이유로 선택하며 살아가고 있다, 내 안에 있는 천 개의 지역을 탐사하면서. 똑같은 삶, 똑같은 순간은 단 하나도 없다. 깨어 있는 한 우리는 자꾸만 새로운 나를 발견하게 된다. 이 세상에는 탁월하고 본받을 만한 이들도 있다. 하지만 그 누구도 자격이 있어 태어나고 살아가는 것이 아니듯, 삶 역시 유능함에 대한 보상이 아니다. 이 세상에는 불완전하고 모호한 그 상태 그대로 살아남을 공간이 있다. 염소에 집착하는 아저씨가 살아남았고, 마땅한 직장이나 직업이랄 만한 것도 없이 8년째 낮잠이나 챙기는 내가 살아남았듯 말이다. 이것이 내가 발견한 『월든』의 이상한 위로인 동시에 이 책에 담은 이야기다.

그 어디로도 떠나지 않고 해볼 수 있는 것 한 가지는 지금의 나를 더 잘 알아가는 것이다. 우리가 소로에게서 무언가 따라할 수 있는 것이 있다면 아마 그것 하나일 것이다. 부족한 나를 평가하지도, 내가 되어야 하는 모습에 집착하지도 말고 지금 있는 그대로의 나를 지켜본다. 내가 외부의 조건들에 어떻게 반응하고 있는지 세세히 관찰한다. 그런 과정을 거친 후에 찾아오는 변화는 보다 자연스럽고 쉽다. 어떤 기준에 얽매이지 않고 나를 안 뒤에 내린 선택들은 나를 내 삶의 저자로 만들어

준다. 그렇게 내 우주 지형의 전문가가 되기 위해 떠난 탐사기
들과 『월든』의 이야기들을 이 책에 담았다.

박혜윤

목차

1장

내 삶의
저자가 되는 법

내 삶의
유일한 저자

나는 아이들에게 독서를 권장하지 않는다. 적어도 중학생이 되기 전까지는 아이들이 어떠한 상징이나 매개물 없이 스스로 세상을 보기를 바라기 때문이다. 독서를 금지한다는 뜻은 아니다. 책도 세상의 구성물 중 하나이니, 자연스럽게 만나게 되면 직접 선택해 읽으면 된다.

어느 날 초등 5학년인 작은아이가 내게 와서 심각한 목소리로 물었다.

"엄마, 제발 엄마 생각을 말해주면 안 될까?"

첫 질문부터 나의 의견을 이렇게 강력히 구하는 이유는 평소에 내가 아이들에게 내 의견을 감추기 때문이다.

"엄마는 오래 살아오면서 엄마 의견이 생겼어. 결과만 딱 말해주면 너는 스스로 알아가는 재미도 없을 거고, 엄마 의견이 네 인생에 맞지 않는다고 느낄 수도 있어. 너는 네 인생을 천천히 살면서 너의 생각을 하면 되지, 엄마 생각은 왜 알려고 해? 엄마도 이 생각에 도달하느라 꾸역꾸역 살아왔는데, 그걸 맨입으로 말해주는 것도 큰일이거든. 그런데 네가 그 생각을 거저 듣고, '엄마는 옛날 사람이라 뭘 몰라' 그런 평가를 하게 되면 정말 억울하잖아. 그러니까 네 마음대로 생각해."

그렇게 말해주면 좋아라 하며 제멋대로 할 때도 있고, 어떨 때에는 정말 집요하게 애걸복걸하며 내 의견을 물어보기도 한다. 이날이 그런 날이었다.

"『해리 포터』에 이런 문장이 있어. '세상에 선과 악이란 존재하지 않는다. 단지 힘과 그런 힘을 얻기에 너무 약한 사람들이 존재할 뿐이다.' 엄마는 어떻게 생각해?"

하지만 결국 나는 아이가 가져온 책을 읽지도, 내 생각을 말해주지도 않았다. 일단 귀찮았다. 판타지 소설에는 어쩐지 손이 가지 않는다. 다만 아이의 이야기를 한참 듣고 몇 가지 질문을 하며 자기 생각이 무엇인지 찾아낼 수 있도록 도와주었다. 그제야 아이는 만족한 얼굴로 물러났다.

아이에게 서양적 사고 체계 속 선과 악의 대결 그리고 신과 자유의지의 대립를 설명해 줄 수도 있었다. 하지만 나는 아이가 자신의 쉬운 말로 표현한 생각을 잘 간직하는 게 좋다고 생각했다. 아무리 훌륭한 책이라도 책은 책일 뿐이다. 중요한 것은 책이건 삶의 경험이건, 거기에서 빠져나와 나 자신의 눈으로 보는 습관이다.

소로는 『월든』의 「독서Reading」라는 장에서 고전 읽기의 중요성을 강조했다. 그러나 이어지는 장 「소리들Sounds」은 다음과 같이 시작한다.

아무리 최고로 엄선된 고전이라 할지라도 우리가 책에만 묶여 특정한 언어로 쓰인 것들만 읽고 있다면, 우리는 모든 사물과 사건이 은유 없이 표현되는 유일한 언어를 잊을 위험에 처하게 된다. 이 유일한 언어만이 풍부하고 정확하다. 이 언어로 많은 것들이 표현됐지만, 인쇄된 것은 거의 없다. 햇빛을 가리는 덧창이 완전히 없어져 버린다면 그 덧창을 통과하는 햇빛을 더 이상 기억하지 못할 것이다. 영원히 깨어 있는 것보다 중요한 방법이나 훈련은 없다. 보아야 하는 것을 항상 바라보는 훈련에 비하면 제대로 엄선된 역사의 흐름도, 철학도, 시도, 최고로 존경할 만한 일상의 습관도 도대체 무엇이란 말인가? 당신은 독자나 학생에 그칠 것인가? 아니면 앞날을 보는 사람이 될 것인가? 당신의 운명을 읽으라. 당신 앞에 있는 것을 보라. 그리고 미래로 걸어 들어가라.

원문을 보면 책에 쓰이는 '언어'는 'languages'로 복수로 지칭되는 반면, '은유가 없이 풍부하고 정확한 언어'는 앞에 관사 'the'를 붙이고 단수로 썼다. 특정한 하나의 언어라는 것이다. 이 'the language'는 뭘까? 이것은 이어지는 설명대로 '내'가 보는 것이다. 위대한 시나 철학은 물론이고 일상에서 실천하는 위대한 루틴도 '내'가 직접 보는 것에 비하면 아무것도 아니다. '나'는 내 삶의 유일한 저자가 되어야 한다. 그래서 '특정한 언어the language'인 것이다. 이미 많은 것들이 '나'의 시선 앞에 있기에 많은 것이 표현되어 있지만 인쇄된 것은 적다고 한 것이다. 내가 포착하는 것은 세상을 내 눈으로 인쇄하는 것과 같다. 햇살과 덧창의 비유도 재미있다. 햇살이 아무리 쏟아져 들어와도, 그 햇살을 더욱 선명하게 기억할 수 있는 것은 덧창이 있어서다. 나만의 시선은 '덧창'이다. 햇살은 덧창을 어떻게 조절하느냐에 따라 그 모양이 달라진다.

중학생이 되기 전까지는 아이들이 책을 읽기보다는 나만의 시선에서 비롯된 자기만의 언어, 즉 자기만의 생각을 경험하기를 바란다. 그 대상이 책일 수도 있고, 만나는 사람일 수도 있고, 먹는 음식일 수도 있을 것이다. 아무리 위대한 책을 읽는다 해도 나만의 시각을 잃지 않는 끈질김을 가졌으면 좋겠다. 무조건 비판을 해야 한다는 것이 아니다. 좋아하고 동의할 때조차도 그것이 정말 나만의 시각이나 나만의 언어인지 생각하는 과정을 거쳐야 한다. 하지만 나만의 시각을 갖기 위해서는 도대체 무엇을 어떻게 해야 할까?

햇살을 기억하려면 나 스스로 덧창이 되어야 한다. 소로의 말에 대한 내 해석은 고유한 시선을 가지려면 책을 읽지 않아야 한다는 주장처럼 읽힐 수도 있을 것 같다. 물론 그건 아니다. 인용한 대목의 앞뒤 맥락을 다시 한번 강조하자면, 소로가 '책보다 더 중요한 언어the language'를 이야기하기 직전의 장에는 오로지 고전을 많이 읽자는 이야기만 거듭됐다. 그러니 앞의 글은 책을 읽지 말자는 주장이 아니라, 오히려 책을 어떻게 읽어야 하는지에 대한 이야기일 것이다. 적어도 나는 그렇게 읽었다. 다만 내가 이 단락을 특히 좋아하는 이유는, 마치 책을 읽지 말자는 것처럼 볼 수도 있을 만큼 단호한 소로의 태도에 있다. 책은 나 자신을 둘러싸고 있어서 내가 스스로 보아야 할 여러 가지 중 하나일 뿐이지 특별한 무엇이 아니라는 것이다.

창피한 고백이지만, 젊은 시절의 나는 그런 사람이었다. 문자로 된 책을 읽지 않는 사람들을 보면서 혼자 혀를 찼다. '인류 생각의 보고가 눈앞에 있는데, 그걸 놓치고 살다니…' 알고보니 그들은 놓치는 것이 아무것도 없었다. 소로의 비유를 빌리자면, 햇살의 모양을 정하는 덧창의 모양이 다른 것뿐이었다. 아이들도 그렇다. 문자를 통해 사고를 전개하는 것이 쉬운 아이들이 있고, 나무에 오르고 개미집을 찾으면서 세상과 자기 자신을 온몸으로 경험하는 아이들이 있고, 음악으로 우주의 완벽함을 느끼는 아이들도 있다. 어른이 되어서도 마찬가지다. 그럼에도 흔히 책과 문자가 가장 우위에 있는 것처럼 여겨지는 것이 마뜩찮다.

나는 전적으로 문자로 기울어진 사람이다. 그럴수록 책과 문자의 중요성을 냉정하게 낮춰 보는 것이 중요하다. 내가 잘하는 것이 가장 중요하다고 생각하면 그 생각으로 인해 바로 나 자신이 가장 크게 손해를 보게 된다. 소로는 그런 어리석음에 대해 마치 놀리듯 썼다.

자신의 지식을 끊임없이 써먹어야 하는 사람이 어떻게 자신의 무지를 기억할 수 있겠는가? 사람이 성장하기 위해 필수적인 것이 바로 무지를 아는 것인데 말이다.

책에서 즐거움을 얻고 배움을 얻기도 하지만, 어디까지나 책과 문자는 내가 세상을 스스로 바라보는 수단이어야 하지 내가 복종하는 절대적인 무엇이어서는 안 된다. 그래야 나는 보지 못해도 나와는 다른 사람들은 보고 있는 이 세상의 풍요를 포착할 수 있다.

다행히 모두가 책을 많이 읽어야 한다고 믿는 것도, 혹은 그 많이 읽는다는 것에 대해 모두가 같은 기준을 가진 것도 아니다. 타고난 성향이 책과 거리가 먼 사람이 과연 억지로 읽어야 할까? 뭐든 노력을 하면 어느 정도 할 수 있게 되겠지만, 그보다는 차라리 타고난 자신만의 방법을 더 개발하는 것이 낫지 않을까? 그와 동시에 자신 역시 다른 사람의 방법을 인정하는 것이다.

책에서 배울 수 있는 학자들의 이름이나 이론들을 모른다 해도 알아야 할 것을 놓치는 게 아니다. 책을 한 글자도 읽지 않아도, 내가 살아가고 있는 시대와 장소를 이루고 있는 생각들은 햇살처럼 누구에게나 열려 있다. 평범한 사람들의 일상과 사고방식이야말로 바로 그런 생각들의 표현이다. 피에르 바야르가 쓴 『읽지 않은 책에 대해 말하는 법』이라는 책도 바로 그런 생각을 바탕으로 한다. 유명한 고전을 읽지 않았어도 우리는 이 시대의 일원이기에 그 책에 대해 할 말이 있다는 것이다. 심지어 어딘가에서 책의 제목만 들어본 경험조차도 그저 우연은 아니고 고전이 되어가는 과정에 적극적으로 참여했다 볼 수 있다. 우리는 인류의 집단적 사고의 일원이기 때문이다. 그래서 자기만의 시각으로 바라보고 그에 대한 이야기를 나누는 것이 모두가 다 같이 문자에 몰입하는 것보다 더 의미 있는 참여가 된다.

다시 한번 말하지만 내가 이해한 소로의 문단이나 나의 생각은 책을 읽어야 한다거나 읽지 말아야 한다는 뜻이 아니다. 무엇을 읽어야 한다거나 언제 읽어야 한다는 주장도 아니다. 다만 의식적인 바라봄에 대해 이야기하고 있을 뿐이다. 소로가 말하는 자기만의 이야기가 자기 생각을 늘어놓는 것이 아니라 '바라봄'을 이야기하고 있다는 것이 좋다. '바라봄'이라는 것은 자연, 책, 나의 경험, 남들의 경험 등 내 앞에 있는 어떤 대상을 바라보는 것이지, 외부와 차단된 나만의 무엇에 빠져 있는 것이 아니니까.

'자기만의 시선에서 비롯된 유일한 언어the language'를 갖기 위해 소로는 '아무것도 하지 않는 것'을 한다. 그냥 그것뿐이다. 시시하기 짝이 없다. 그런데 소로가 아무것도 하지 않는 시간을 묘사하는 다음 단락들을 읽으면 묘하게도 홀딱 설득당한다. 조금 길지만, 소로가 아무것도 하지 않고 지내는 하루에 시간의 흐름을 잊고 천천히 푹 빠져 보자.

첫해 여름에는 책을 읽지 않고 콩을 길렀다. 하지만 책 읽기나 콩 심기보다 더 나은 일을 자주 했다. 머리를 쓰는 일이건 손으로 하는 일이건 상관없이, 어떤 일에도 지금 이 순간의 풍요를 절대로 희생할 수 없었던 시간들이 있었다. 나는 내 삶에 넓은 여백이 있는 것을 사랑한다. 여름 아침, 늘 하는 목욕을 한 다음 해가 뜰 때부터 정오까지 해가 드는 문간에 앉아 있곤 했다. 소나무, 호두나무, 옻나무를 배경으로 방해받지 않는 고독과 고요 속에서 환희에 빠졌다. 그동안 새들이 주변에서 노래를 하기도 하고 소리 없이 집 안을 들락거리기도 했다. 마침내 서쪽 창문으로 비치는 해를 보거나, 먼 고속도로 위를 달리는 여행자의 마차 소리를 들으면 퍼뜩 시간이 얼마나 흘렀는지를 깨달았다. 그런 시간을 보내던 시절에 나는 옥수수가 밤사이 자라는 것처럼 쑥쑥 자랐다. 그런 시간은 나에게 손으로 무언가를 하는 것보다 훨씬 이로웠다. 그 시간은 내 삶에서 빠져나간 시간이 아니라 오히려 내게 주어진 시간의 한계를 뛰어넘다 못해 넘치는 시간이었다. 나는 동양인들이 말하는 관조와 무위의 뜻을 이해하게 됐다. 나는 시간이 어떻게 가는지 신경 쓰지 않았다. 낮 시간은 무심히 빛을 비추듯 내 앞을 지나갔다. 아침이었다가 어느새, 자, 이제 저녁이군 해도 나는 기억할 만한 어떤 일도 해내지 못했다. 새처럼 노래하는 대신, 나는 나의 끝없는 행운에 살며시 미소 지었다. (…) 우리 마을 사람들에게 이런 생활은 분명히 순전한 게으름으로 보였을 것이다. 그러나 만약 새와 꽃이 그들의 기준으로 나를 판단한다면, 내게 부족한 것이 아무것도 없다는 것을 알았을 것이다. 인간은 자신 안에서 삶의 일들을 찾아야 한다. 자연의 하루는 지극히 고요해서 인간의 게으름을 꾸짖지 않는다.

삶의 즐거움을 위해 사람들 무리와 극장을 찾아야 하는 이들과 비교해서 내 삶의 방식이 가진 최소한의 이점은 삶 자체가 나의 오락거리가 되었으며, 이 오락거리는 결코 지겨워지는 법이 없다는 점이다. 우리가 자신의 생활비를 벌면서, 끊임없이 삶의 방식을 새롭게 배우고 그중 최고의 방식에 따라 삶을 운영한다면, 권태에 시달리는 일은 결코 없을 것이다. 당신의 천재성에 바짝 붙어 따라가라. 그러면 당신의 천재성은 매시간 새로운 풍경을 어김없이 펼쳐 보여줄 것이다.

소로의 문장이 너무 아름다워서 내 이야기를 더 이상 덧붙이기가 두려울 지경이지만, 그의 뻔뻔함을 따라 소소한 이야기를 좀 더 해보려 한다. 나야말로 하루 종일 아무것도 하지 않고 허송세월 하는 데에 천재다. 낮잠을 자고 일어나서 더 이상 잘 수 없을 지경이 되어도 여전히 침대에 누워 하얀 천장을 응시한다. 고작 몇 번 뒤척였는데도 몇 시간이 훌쩍 지나가 있다. 소로처럼 아름다운 자연 사이에 나가 있는 것도 아니고, 햇빛의 움직임에 정신을 차리는 것도 아니다. 배가 고파지면 그제야 후다닥 밥을 먹으러 일어난다. 하지만 내 마음은 여전히 바쁘다. 빈 천장을 가만 보고 있으면 실처럼 걸려서 하늘하늘 춤을 추는 먼지도 한참을 보게 되고, 내 안에 자리 잡은 비판자가 게으름을 비난하는 소리에 대꾸도 하게 되고, 보고 싶은 사람뿐 아니라 싫은 사람과의 기억도 찾아다니게 된다. 나 홀로 존재하고 있지만, 내 마음도 시선도 다른 존재들로 분주하다. 그러나 그 분주함은 나 자신과 온전히 함께하는 것이라 다르다.

성격이 완전히 다른 두 아이지만 공통적으로 나눈 이야기가 있다. 두 아이 모두 심심하다며 짜증을 내고 괴로워하곤 했다.

"지루해. 할 게 아무것도 없어."

"넌 지금 하는 게 많은데."

"뭐? 아무것도 없어."

"지루해하는 것도 뭔가를 하는 거야. 괴롭지?"

"그게 왜 뭘 하는 거야? 심심해."

"괴로워하는 것 말이야. 막 몸이 꼬이고, 신경질이 나지 않아?"

"응."

"더 열심히 몸을 꼬고, 바닥을 데굴데굴 구르고, 화를 내봐. 혼자서 실컷. 아무도 뭐라하는 사람이 없잖아. 해야 할 일도 아무것도 없고."

그러면 어린아이답게 정말 바닥에서 몸을 빳빳하게 하고 구르기도 하고, 벽을 박박 긁어보기도 한다. 물론 화가 나서, "싫어"라고 하기도 하고 그러다가 웃기도 하고, 때로는 더 화를 내기도 한다. 나는 해줘야 할 이야기를 다 해줬으니 그냥 둔다.

숫자 0은 무無가 아니라는 이야기를 좋아한다. 없음을 상상하는 것은 인간이 사고할 수 있는 엄청난 일이다. 아무것도 하지 않는 일을 '하고' 없는 것을 '있다'고 생각할 수 있는 것. 그 공간에서는 나만의 바라봄이 쉬워진다. 소로의 말처럼 이것이야말로 "내 인생의 넓은 여백"이다.

문명에 반항하는
확실한 방법

우리 가족이 사는 곳은 바다와 무척 가깝다. 차로 30분 정도만 가면 닿고, 한 시간쯤 가면 어지러운 선을 그리는 아름다운 해안이 펼쳐진다. 바닷가에 앉아서 아무것도 하지 않으면 좋을 것 같지만 인간은 그렇게 만들어지지 않았다. 아무것도 하지 않는 건 상당히 힘든 일이다. 하지만 역설적이게도 아무것도 하지 않는 건 요즘처럼 정신 없는 세상에 매우 필요한 일이기도 하다. 그렇게 아무것도 하지 않는 시간을 가져야 하는 이유가 무엇일까?

『월든』에서 소로는 독서처럼 머리를 쓰는 일, 농사처럼 손을 쓰는 일보다 더 좋은 일은 '아무것도 하지 않는 일'이라고 말했다. 이 주장은 어떻게 보면 싱거운 이야기 같기도 하지만, 또 어떻게 보면 상당한 반감을 불러일으킬 수 있는 말이기도 하다. 소중한 인생을 게으르게 낭비한다고 볼 수도 있고, 사회의 일원으로서 의무를 다하지 않는다고 할 수도 있기 때문이다.

그렇게 보면 소로는 아무것도 하지 않은 것이 아니다. 무언가를 했다. 반감을 불러일으킨 것이다. 그게 목적은 아니었겠지만, 행하는 것이든 혹은 행해야 하는데 하지 않는 것이든, 사회적으로 합의된 어떤 것에 의문을 제기한 것은 분명하다. 그는 바쁘게 무언가를 하고, 발전을 하고, 생산성을 높이는 일을 멈춤으로써 이 모든 일들의 전제에 놓인 우리 사회와 문화의 시간관념을 거부했다. 그는 자신이 아무것도 하지 않는 모습을 다음과 같이 묘사한다.

나의 하루하루는 일주일의 요일에 따르지도 않았고, 매 시간으로 쪼개지지도 않았고, 시계의 똑딱 소리에 쫓겨 분주해지지도 않았다. 나는 푸리 인디언처럼 살았기 때문이다. 그들은 "어제, 오늘 그리고 내일을 모두 같은 한 단어로 표현했다. 그들은 어제는 뒤를, 내일은 앞을, 당일은 머리 위를 가리키는 것으로 표현했다."

시간관념은 우리가 속한 자본주의 문화의 핵심이다. 이것을 이해하기 위해서는 우리와 다른 시간관념을 가진 부족을 살펴

봐야 한다. 소로가 말한 푸리 인디언과 비슷한 민족이 피다한족이다. 문화인류학자 오가와 사야카의 책『하루 벌어 살아도 괜찮아』(이지수 옮김, 더난출판사, 2017년)에는 시간관념이 우리와 완전히 다른 피다한족에 대한 대니얼 에버렛의 연구가 소개되어 있다.

언어학자 에버렛은 아마존 오지에 사는 피다한족에게 기독교를 포교하기 위해 파견된 교회 전도사였다. 그는 성서를 피다한어로 번역하기 위해 그들과 함께 생활하며 언어를 배웠는데, 결국 신앙을 버리고 무신론자가 된다.

피다한어에는 과거나 미래를 표현하는 방법이 거의 없다시피 하다. 그들은 현재에 집중해 자신의 직접 경험만을 표현한다. 이러한 언어 습관은 삶의 방식에도 그대로 반영된다. 피다한족은 도구도, 예술작품도 만들지 않고, 음식을 보존하지도 않는다. 그러니 필요한 도구는 즉석에서 만들어 쓰고 그만이다. 보존한 음식이 없으니 한참을 굶기도 한다. 신화나 구전 이야기도 없고, 장례식이나 결혼식 같은 의례도 없다. 그러니 기독교를 포교할 수도 없었다. 에버렛은 피다한족이 직접 체험하지 않은 다른 문화에는 관심이 없고, 자신에게 주어진 경험과 그에 맞춰 살아가는 삶의 방식에 절대적으로 만족한다고 전한다. 그러니 미래에 갚아야 할 부채 관념도 없었고 따라서 갚아야 할, 혹은 받아야 할 빚도 있을 수 없었다.

사실, 이들이 삶을 어떤 식으로 느끼는지는 아무리 상상을 해봐도 알 수 없다. 미래에 대한 공포와 불안을 잠재우려고 노력하는 게 아니라 애당초 없다니. 피다한족은 우리 기준으로 봤을 때 지독하게 원시적인 생활을 한다. 그런데 그들의 심리 상태에 이입하려고 노력해 보면 묘하게 부러운 마음이 드는 것도 같다. 내일 먹을 식량을 생각하지 않고, 신의 분노와 벌은 안중에도 없으니 그들은 늘 웃으면서 산다고 한다.

이 책의 저자 오가와 사야카는 또 다른 인류학자 마셜 살린스의 연구를 소개하면서 피다한족의 물질적 풍요 혹은 빈곤을 다음과 같이 해석한다.

살린스는 미개한 사람들은 재물이 없어서 빈곤한 것이 아니라 재물을 갖지 않아서 오히려 빈곤하지 않다고 지적한다. 빈곤이 재물의 많고 적음이 아니라 하나의 사회적 지위를 뜻한다고 가정할 경우, 애초에 물질적 중압감에서 비교적 자유롭고 어떤 소유욕도 없으며 소유 의식이 발달하지 않은 비경제인인 그들 사이에는 빈곤이 발생하지 않는다는 것이다. (…) 여기서 중요한 점은 미래와 과거를 전제로 한 생산주의적 삶은 보편적인 것이 아니며, 또한 그들의 삶이 당사자들에게 반드시 불행하고 빈곤한 것은 아니라는 사실이다.

소로 역시 같은 주장을 한다.

생계를 정직하게 꾸려나가면서도 나 자신을 위한 일들을 할 수 있는 자유를 잃지 않으려면 어떻게 해야 할까 하고 절실하게 질문했던 시절이 있었다. 하지만 불행히도 이제는 무뎌져서 예전 같지 않다. (…) 미개한 상태에서는 모든 가족들이 가장 좋으면서 기본적이고 소박한 욕구를 충족해 주는 집을 소유한다. 공중의 새도 둥지가 있고 여우도 굴이 있고 야만인도 천막이 있다. 하지만 문명화된 현대사회에서는 집을 소유한 가족이 절반도 되지 않는다. (…) 그러나 누군가는 어느 정도의 비용만 내면, 문명화된 나라에 사는 가난한 사람들도 야만인들에 비하면 궁전이나 다름없는 집에서 살 수 있다고 할 것이다. (…) 분명히 문명은 삶을 하나의 '제도'로 만들어서 사람들에게 이익을 주기 위해 고안됐다. 하지만 이 '제도' 안에 개인의 삶은 상당 부분 흡수되어 버린다. 종족 전체의 삶을 보존하고 완벽하게 하기 위한 목적으로 말이다.

문명은 삶을 하나의 '제도'로 만들었다. 문명 전체를 유지하고 발전시키기 위해서는 개인 모두가 하나의 삶을 살아야 한다는 것이다. 이 제도의 일관성을 가능하게 한 것이 바로 시간관념이다. 모두가 함께 지키는 과거와 현재, 미래의 시간이다. 이 시간을 같은 속도와 정확성으로 따라가면서 우리는 더 많이, 더 효율적으로 생산해야 한다. 그렇기에 시간의 흐름에서 벗어나 아무것도 하지 않고 햇살이나 쳐다보고 있는 것은 문명에 대한 중대한 반항이 된다.

하지만 인용한 소로의 이야기 중에 가장 아프게 느껴지는 문장은, 예전에는 정직하게 생계를 유지하면서도 나 자신을 위한 일을 하는 자유를 잃지 않을 방법을 열정적으로 궁리했지만 이제는 무뎌졌다는 부분이다. 미개인들의 물질적 부족함은 사실 문명으로 인해 빈곤을 알아버린 우리들 눈으로 왜곡되었다는 것을 깨닫는다고 해서 우리가 미개인을 따를 수는 없다. 소로도 그것을 인정할 수밖에 없었을 것이다.

외부에 우리를 조정하는 문명이라는 존재가 따로 있는 게 아니다. 우리 각자는 문명의 시간관념을 내면에 가지고 있다. 내일 먹을 것을 걱정하기도 하고 때로는 내일 먹을 것에 대해 기쁨을 느끼기도 한다. 그러니 문명을 비판하는 것으로 끝을 낼 수는 없다.

첫 번째로 할 수 있는 일은 그렇게 가만히 아무것도 하지 않으면서, 독특한 개인으로서 나 자신과 함께 있는 것이다. 하루, 이틀 그렇게 시간을 잊는다고 해서 문명이 무너지지는 않을 테니까. 그러고 나면 우리는 더 좋은 물건, 더 높은 생산성에 대한 숭배를 조금 내려놓을 수도 있다.

그다음 소로가 한 일은 바로 집안일이었다. 그는 집안일이 즐거운 일이라고 했다. 바닥이 더러우면 일찍 일어나 가구들을 집 밖에 내어놓고, 물을 뿌리고 모래로 문질러 깨끗하게 청소를 한다. 그러고는 풀밭에 있는 가구들을 찬찬히 감상한다. 주변의 나무며 풀과 어우러진 가구들을 보면서 그는 충만한 일체감을 느낀다. 그는 이런 집안일을 명상이라고 불렀다. 사소하고 귀찮은 집안일을 즐거움이자 나만의 명상으로 여기는 소로의 모습에 나는 감동한다.

우리가 정규직이 없어도 문명인다운 노동의 가치를 정규적으로 느낄 수 있는 수단이 바로 매일의 집안일이다. 남편이 회사를 그만둔 다음 새로운 직장을 구하는 것이 계획대로 되지 않았을 때, 불안을 달래준 것은 매일의 설거지와 청소였다. 사춘기에 접어드는 딸의 정체성 탐구에 기둥이 되어준 것도 집안일이었다. 그리고 나 역시 매일 내 방식대로 대강 밥을 차리며 나만의 일을 하는 동시에 문명에 동참하는 만족감을 느낀다.

그런 효과가 꼭 집안일에만 있는 건 아닐 것이다. 시애틀 시호크스 풋볼 팀의 선발 선수인 타일러 로켓은 어느 인터뷰에서 이런 이야기를 했다.

세상에는 나에 대한 비난이 많고, 그밖에도 온갖 소음이 많다. 거기에 휘둘리지 않기 위해, 나는 내가 지금 당장 할 수 있는 일만 한다. 그리고 또, 내가 이런 편안한 마음을 먹을 수 있는 공간에 스스로를 데려다 놓으려고 노력한다. 그것뿐이다.

　미국의 미식축구 프로 리그는 전 세계 모든 프로 스포츠 리그 중에서도 가장 많은 돈이 오고가니 구설수 또한 끊이지 않는다. 게다가 미식축구 경기 그 자체도 대단히 시끄럽다. 경기 내내 관중들의 거대한 함성이 드넓은 구장을 가득 메운다. 그곳을 살아가는 선수가 경기 중이든 아니든 자신에게 집중하는 일은 어려울 것이다. 그런데도 타일러 로켓은 자신만의 명상이 필요하다는 것을 깨달은 모양이다.

　아무도 없는 숲에서건 수만 명 관중의 함성 가운데에서건 우리는 우리 안에 있는 문명, 가난하지도 않은데 가난의 공포에 떨게 하는 그 문명으로부터 떨어질 수 없다. 나 자신이 되는 일은 어쩔 수 없이 문명에 대한 반항이 된다. 따라서 고독하고 쓸쓸한 것일 수밖에. 내가 할 수 있는 일에만 집중하는 나만의 명상법을, 우리는 각자 찾아나서야 한다.

삶을 고양시키는
시선

   20~30대 때는 그릇이나 옷을 사러 백화점에 가보면 저렴한 것들도 아름답게 보여 혹해서 사곤 했다. 그런데 막상 집에 가져와서 보면 어쩐지 실망스럽기 짝이 없었다. 그래서 다음에는 무리를 해서라도 비싼 것들을 샀다. 내가 이만큼이나 비싼 걸 샀다는 뿌듯함과 너무 비싼 걸 산 게 아닐까 하는 걱정이 지나고 나면 나중에는 싼 것과 비싼 것이 구분되지 않았다. 낡거나 지겨워져서 그런 것이 아니었다. 백화점에서 봤던 그 물건이 중간에 뒤바뀐 게 틀림없었다.

   물론 그럴 리가 없다. 오랜 시간 미스터리를 풀지 못하다가 어느 날 문득 깨달았다. 내가 사와야 하는 건 그 물건이 아니라, 백화점 진열대의 너른 공간과 조명이었다. 중요한 건 아름다운 물건이 아니라 물건을 둘러싼 환경이었다는 것을 천천히 알게 됐다.

집에서 백화점과 똑같이 호화로운 진열 환경을 갖출 수는 없지만, 원칙은 분명해 보였다. 바로 간소화. 집을 넓힐 수 없다면 물건을 줄여서 내가 가지고 있는 물건 하나하나가 공간을 충분히 갖고 스스로를 자랑할 수 있게 만들어야 하는 것이다. 싼 물건이라도, 아니, 싼 물건일수록 백화점이나 박물관의 진열대와 같은 환경이 필요하다는 생각을 하게 됐다. 그때 각각의 물건은 각각의 고유성을 회복하게 된다.

그렇게 나는 적극적인 미니멀리즘을 시작했다. 정확하게 말하자면 미니멀리즘은 아니다. 나의 목적은 물건의 숫자를 줄이거나 욕망을 줄이려는 게 아니다. 오히려 내가 가지기로 결정한 물건이 가장 특별하게 느껴지기에 그 물건을 통한 나의 욕구가 최대한 충족되길 원한 것이다.

한창 모든 것을 간소화하는 데 몰입하던 시절, 꾸준히 떠올리던 『월든』의 한 대목이 있다. 소로는 문명에 저항하듯 아무것도 하지 않기도 했지만, 또 하염없이 가만히 있기 바쁜 와중에도 집안일을 즐겁게 했다. 바닥이 너저분하다 느끼면 그는 살림을 죄다 오두막 밖으로 내놓고 물과 모래를 뿌린 다음 빗자루를 들고 바닥이 하얘질 때까지 닦고 또 닦았다. 소로는 청소를 깨끗이 마친 다음 감상을 남겼다.

내 살림살이 전부가 집시의 보따리처럼 작은 더미가 되어 풀밭에 나와 있는 것을 보는 것은 즐거운 일이었다. 나의 세 발 달린 책상은 그 위에 책들과 펜과 잉크가 그대로 올려진 채 소나무와 호두나무 사이에 놓였다. 내 물건들도 밖에 나와 있는 것을 기뻐하여 집에 다시 들어가고 싶지 않은 것 같았다. 나는 내 물건 위에 그늘 천막을 친 다음 거기에 앉아 있고 싶다는 생각을 하곤 했다. 이 물건들에 햇살이 내리쬐고, 바람이 부는 것을 듣는 것만으로도 충분한 가치가 있었다. 익숙한 물건들 대부분은 집 안에 있을 때보다 밖에 내다 놓았을 때 훨씬 흥미롭다. 한 마리 새가 옆에 있는 나뭇가지에 앉아 있고, 책상 아래에는 꽃이 자라고 있으며, 블랙베리 줄기가 책상 다리를 감고 있다. 땅에는 솔방울과 밤송이, 딸기 잎이 흩어져 있었다. 가구들이 이 모든 것들 한가운데 놓여 있으니 마치 자연이 우리의 가구와 책상과 의자와 침대의 모양으로 형태를 바꾼 것만 같았다.

아름다운 문장이긴 한데, 억지스럽다는 생각도 든다. 소로는 자신의 집기를 전부 풀밭에 내놓고 주변 자연 환경과 그것들이 하나로 어우러지는 모습을 감상한다. 책상 위의 책이며 쓰던 펜과 잉크도 그대로 얹혀 있는 상태로 말이다. 아침나절이 지나기도 전에 가구를 포함한 자신의 모든 소유물을 전부 바깥에 내놓고 집 바닥 청소까지 마치려면 물건을 얼마나 조금 갖고 있어야 할까? 상상하기 어렵지만, 만약 소로만큼 가진 물건이 적다면, 저렇게 아기자기한 기쁨과 재미를 누릴 수 있을지도 모른다.

또 하나 재미있는 포인트는 소로가 매일 집에서 보는 가구들을 바깥이라는 낯선 맥락에 놓아두었을 때 느끼는 기쁨이다. 아이들의 소꿉놀이를 떠올려보면 이해가 된다. 아이들의 소꿉놀이는 복잡한 의무가 없기도 하거니와, 실제 살림과는 다른 맥락 안에 있기 때문에 재미있다.

티도 안 나고, 해도 안 해도 그만인 집안일을 소로가 즐거운 나만의 무엇으로 만든 방법은 단순화시키는 것과 낯선 맥락에 올려보는 것이라고 할 수 있겠다. 이를 『월든』의 다른 대목에서 살펴보자.

나는 인간이 의식적인 노력으로 자신의 삶을 고양시키는 확실한 능력이 있다는 것보다 더 고무적인 사실을 알지 못한다. 그림 한 점을 그리고 조각상 하나를 조각해서 아름다운 작품을 몇 개 만들 수 있는 것도 좋지만, 주변의 환경과 우리가 볼 수 있는 수단을 조각하고 그리는 것은 더욱 영광스러운 일이다. 하루를 어떻게 보낼 것인지에 영향을 미치는 것은 가장 높은 수준의 예술이다. (…) 우리의 삶은 자질구레한 디테일 때문에 조금씩 낭비된다. 정직한 사람이라면 계산하기 위해서 열 손가락 이상이 필요한 경우는 거의 없을 것이다. 극단적인 경우라도 발가락 열 개만 추가하고 나머지는 하나로 뭉뚱그려도 된다. 간소함, 간소함, 간소함! 당신이 해야 할 일이 두세 개가 되게 해야지 백 개, 천 개가 되게 하지 말라. 백만이 아니라 여섯을 세고, 당신의 계산을 엄지손톱에 적어라. (…) 간소화하라, 간소화하라. 하루에 세끼가 아니라 꼭 필요하다면 한 끼만 먹어라. 백 가지가 아니라 다섯 가지 요리면 된다. 다른 일들도 이런 비율로 줄여라.

소로는 우리가 하는 일을 두 가지로 나눈다. 아름다운 그림이나 조각상 그 자체를 만드는 것과, 이를 둘러싼 환경과 이를 보는 방식을 아름답게 만드는 것으로. 그리고 후자가 더 중요한 일이라고 강조한다. 환경과 보는 방식을 바꾸는 것이 바로 단순화이고 간소화다.

소로는 불과 몇 줄을 사이에 두고, 간소함simplicity과 간소화 simplify를 세 번 두 번 반복해서 외친다. 이 부분에서는 왠지 소로가 침을 튀기며 웅변을 하는 목소리가 들리는 것 같다. "제발! 간소하게 살아라!"하고. 소로는 문명에 대항해서 개인의 고유성을 회복할 수 있는 방법은 아무것도 하지 않는 것이라 믿었다. 우리의 고유성이란 대체로 사소하고, 잘 들여다보지 않으면 의미 없는 특성들이다. 소로에게 간소화란 그 조금씩 이상한 부분들이 그대로 숨 쉴 수 있는 출발점인 동시에 흘러가는 시간을 진열대에 올려 바라보는 방법이 아니었을까.

나는 반짝이는 스테인리스의 재질을 정말이지 사랑한다. 잘 닦인 스테인리스의 광택은 다이아몬드의 반짝임보다 더 아름답다고 느낀다. 나만의 괴상한 취향이다. 스테인리스 조리기구 세트가 차려진 광고 사진과 같은 느낌을 내 부엌에서 느끼고 싶었다. 소로가 꽃과 새 가운데에 자기 가구를 가져다 놓고 혼자서 행복에 겨워하듯이 스테인리스의 아름다움을 그렇게 느끼고 싶었다. 그래서 내 부엌을 그렇게 바꾸었다. 코팅팬이나 주물팬 등 스테인리스 재질이 아닌 조리 용기는 없앴다. 스테인리스 팬을 사용하기 위해서는 인내심과 주의가 필요하다. 그런 집중을 좋아하기로 했다. 이것이 가능하려면 요리 자체가 단순화되어야 한다. 요리를 단순화시키는 데에는 시간이 상당히 많이 걸린다. 어떤 메뉴를 만드는 최적의 레시피를 개발하거나 요리 실력을 높이는 것처럼 어느 시점에서 완성되는 것이 아니기에 아마도 영원히 정신을 차려야 할 것 같다. 마트에서 토마토를 고를 때에도 두 개를 살까, 세 개를 살까 심각하게 고민하게 된다.

이런 쓸데없는 일에 인생을 낭비하며 피곤하게 살아야 하는 걸까? 나 자신도 이런 의문에서 완전히 자유롭지 않다. 하지만 이런 생각이 든다. 시시한 나만의 일상에서부터 정신을 차리지 않는다면 다른 무슨 더 대단한 일을 어떻게 할 수 있을까? 나는 소로가 말한 것처럼 아름다운 그림을 그리는 것이 아니라, 맥락과 환경을 바꾸고 싶다.

언제나 그렇듯 소로의 특이한 삶의 방식을 따라 하는 것이 중요한 게 아니다. 소로는 밥을 세 끼 먹지 말고 한 끼만 먹으라고 주장했다. 나는 세끼에다가 간식이며 디저트까지 챙겨먹어야 하는 사람이다. 내가 따르고 싶은 건, 끼니를 건너뛰거나 아무것도 없는 거실 풍경을 만드는 미니멀리즘이 아니다. 소로의 말처럼 인간의 의식적인 노력으로 삶을 고양시키는 것이다. 물건을 없애는 것도, 새로운 물건을 사는 것도 삶의 맥락과 환경을 의식적으로 바라보는 것이면 된다. 그렇게 의식적으로 바라보기 시작하면 소유해야 할 물건이나 해야 하는 일도 따라서 줄어들 수 있다.

절대
똑같을 수 없다

소로와 나 사이에는 공통점이 하나 있다. 우리 둘 다 자기가 먹을 빵을 직접 반죽해 구워 먹는다는 것이다. 나는 직접 통밀을 갈아 만드는 빵을 고수한다. 소로의 빵은 조금 더 독특하다. 소로는 빵에 발효효모뿐 아니라 어떤 팽창제도 사용하지 않는다. 그 사연은 다음과 같다.

우리가 일반적으로 떠올리는 모든 빵에는 발효효모 아니면 베이킹파우더와 같은 팽창제가 들어간다. 이런 것들이 들어가지 않으면 부풀지 않으니 밀가루 전병이나 멕시코 음식인 토르티야처럼 된다. 빵이 아니라고 해도 될 정도다. 하지만 소로가 살던 시대와 지방에서는 토르티야나 전병을 상상도 할 수 없었을 것이다. 그래서 그런지 소로도 처음에는 빵을 굽기 위해 평범한 사람처럼 "정기적으로, 굳건한 믿음으로regularly and faithfully" 마을에 나가서 효모를 사다 날랐다.

그러던 어느 날 아침 그는 깜빡 잊고 효모를 태워버린다. 지금은 밀봉된 분말 효모가 나와서 아무 때나 넣어주기만 하면 되지만, 이 시대에는 생효모밖에 없어서 빵을 부풀리는 과정이 꽤 까다로웠을 것이다. 그렇게 우연히 효모 없이 '빵'을 만들어보고 난 소로는 기쁜 발견을 한다. '효모 없이 빵을 구워도 되는구나.' 그리고 효모를 사러 다니던 때의 짜증을 떠올린다. 병에 가득 채워서 주머니에 넣고 돌아와야 했으며 어떤 날은 병 뚜껑이 터져서 내용물이 다 흘러나오곤 했다고 투덜댄다. 미생물이 발효되면 팽창하니 그랬을 법하다.

소로가 효모를 포기하자 주변 사람들의 걱정이 늘어진다. 주부들은 효모 없이 빵을 구우면 안전하지 않고 건강에도 좋지 않을 거라고 충고했고, 나이 든 사람들은 몸의 활력이 급속히 감소할 거라고 예언한다. 소로는 냉소한다. "나이 든 사람들의 '예언'과 달리 1년이 지나도 나는 산 자의 땅에 머물고 있다."

빵 이야기는 아니지만, 소로의 채식에 대해서도 똑같이 걱정을 하는 사람들이 있었다. 그들은 사람이 채소만 먹고 살 수 있느냐고 묻는다. 그러자 소로는 대답했다. "나는 판자에 박는 못을 먹고도 살 수 있다." 그는 날카로운 태도를 변명하는 대신 다음과 같이 덧붙인다. "이 대답을 이해하지 못하는 사람이라

면, 내가 하고 싶은 많은 말을 이해하지 못할 것이다." 문제의
근원은 바로 "믿음faith"에 있기 때문이다. 여기서 소로가 말하
는 믿음은 보다 일상적인 것이다. 효모로 발효한 빵을 반드시
먹어야 한다며 정기적으로 효모를 사러 다니게 했던, 그런 종
류의 굳건한 믿음이다.

　소로는 사람들이 그렇게 말려도 효모 없이 살기로 결정한 이
유를 이렇게 말한다.

　　나의 발견은 종합적인 과정이 아니라 분석적인 과정으로
　이루어졌기 때문이다.

　종합적synthetic 과정과 분석적analytic 과정의 차이를 간단하게
설명하자면, 문장 안에 있는 논리만으로 문장이 참이라는 것을
알 수 있으면 분석적이다. 반면 종합적 문장은 따로 증거가 필
요하다. 그러니까 '효모를 넣지 않은 빵은 건강에 해롭다'라는
문장은 종합적 문장이라고 해야 한다. 이 문장만으로는 참인지
거짓인지 모른다. 그런데 소로가 보기에 사람들은 다른 증거가
있어도 한때 가졌던 믿음을 진리로 받아들이고 있는 것이다.

　물론 소로가 종합적, 분석적 과정이라는 말을 철학적으로 엄
밀하게 사용한 것은 아니다. 어쩌다가 효모를 넣지 않고 빵을
만들었더니 먹을 만했고, 1년을 그렇게 살아도 건강에 문제가

없었다는 것을 분석적 논증이라고 불렀으니. 그의 말 역시 논리적으로 허술하다.

여기에서 핵심은 효모 없는 빵이나 채식이 좋은가 나쁜가, 이를 어떻게 검증을 하는가가 아니다. 중요한 것은 믿음과 사실에 차이가 있다는 점을 인식하는 데에 있다. 우리는 대부분의 일상적인 일을 믿음에 의지해 실행해야 한다. 그러지 않으면 살아갈 수가 없다.

그런데 소로처럼 우연히 내가 매일 당연하게 하던 행동들의 논리와 배치되는 경험을 하거나 그 뒤에 숨겨져 있던 진실을 접하게 됐을 때에는 어떻게 해야 할까? 무조건 당장 바꾸는 건 답이 아니다. 한 단계가 더 있다. 나의 상황을 둘러봐야 한다. 마을까지 가서 효모를 사고 큼직한 병을 주머니에 욱여넣는 것도 귀찮은데, 자주 병이 터져서 흘러나온 효모가 옷을 망치는 그런 상황 말이다. 소로는 우연히 효모 없는 빵을 먹어보고 그런 귀찮음이 너무 크다는 것을 깨닫게 된 것이다. 그 전에는 소로도 나날이 효모를 사다 나르는 일에 의문을 갖지 않았다.

내가 배우고 싶은 건 이 과정이다. 이 과정을 따른다면 무조건 새로운 진리를 따라 나의 일상을 바꿀 필요가 없다. 마치 커피나 와인의 논쟁처럼 말이다. 커피나 와인이 몸에 좋을까 아니면 해로울까? 내 생각에 이 질문에 대한 답은 없다. 하루 한 잔의 커피나 와인은 몸에 좋다는 연구들이 있지만 결국 커피는

카페인이고 와인은 알코올이니까. 대부분의 세상 일이 그렇다. 어쩌면 우리가 진리를 찾아야 한다는 것 역시 하나의 믿음인지도 모른다. 소로는 발효시키지 않은 빵이 몸에 나쁘다는 주장을 반박하며 이렇게 말한다. "인간은 어느 기후나 상황에도 가장 적응을 잘하는 동물이다."

분석적 사고는 내가 실천하고 있는 것이든 새로운 것이든 진리와 사실에 대한 집착이 아니라 내가 처한 상황 속에서 스스로 판단하는 과정 안에 이미 존재한다. 누군가는 발효하지 않은 빵 맛에 익숙해지는 것보다 효모를 사고 반죽을 부풀리는 노력을 기울이는 편이 낫다고 판단할 수도 있다. 소로와 다른 결론이지만 이 역시 분명히 분석적 사고일 것이다.

가장 나쁜 건 무조건적인 믿음이다. 절대적으로 발효 빵을 먹어야 한다는 믿음, 혹은 절대 먹어서는 안 된다는 믿음은 나와 다른 남을 함부로 판단하게 하고, 내가 진짜로 무엇을 좋아하는지 음미할 기회를 잃게 만든다.

21세기에는 편리한 분말 효모를 흔히 살 수 있을 뿐 아니라 빵을 구울 필요가 없을 정도로 좋은 빵집들이 많이 생겼다. 누군가는 말한다. "빵을 언제 굽고 있나? 그냥 사 먹어." 혹은 전통적인 방식에 따라 효모를 일주일씩 길러내서 빵을 굽는 사람들도 있다. 그들은 빵을 사 먹거나 분말 효모를 쓰는 사람에게 말한다. "천연 발효가 되지 않은 빵은 건강에 해로워."

나는 나대로 소로의 분석적 과정을 거친 결과 빵은 즉석에서 통밀을 갈아 굽기로 했다. 천연 효모와 분말 효모는 먹었을 때 내 몸에 별 차이점이 느껴지지 않았지만, 직접 통밀을 갈아 만든 밀가루와 시판 통밀가루는 먹었을 때에는 너무나 큰 차이가 느껴진다. 그리고 소로에 따르자면 빵을 굽는 건 인생을 낭비하는 일이지만, 나에게는 갓 갈아낸 밀가루의 향을 맡으며 느긋하게 빵을 반죽하고 그 반죽이 부풀기 기다리는 그 시간이 소로에게 문간에 앉아 새들을 관찰하는 시간이 그랬던 만큼 즐겁다.

일단 믿음을 가지고 산다. 살다 보면 기존 믿음에 반대되는 사실을 발견하거나 그런 경험을 하게 된다. 그러면 기존의 믿음에서 물러나 이런 경험에 비춰 다시 나의 일상과 선호를 평가해 보는 것이다. 평가를 하는 것만으로도 좋다. 다시 원래의 믿음으로 돌아가더라도 절대로 똑같진 않을 테니까.

며칠 전에는 어떤 낯선 번호로부터 문자를 받았다.

"당신 빵을 자주 맛있게 사 먹었던 사람인데, 요새는 가게를 안 하나요? 빵을 사고 싶어요."

코로나 때문에 결국 빵 가게를 닫았던 차였다.

"빵은 안 팔지만 관심 있으면 빵 굽는 걸 가르쳐줄게요."

그랬더니 답이 이렇게 왔다.

"오, 말도 안 돼요. 전 베이킹은 안 해요. 대신 좋은 동네 빵집이 생존할 수 있도록 열심히 사 먹는 사람이죠."

얼굴도 모르는 이 사람도 자기만의 분석적인 과정을 거쳤을 것 같아 괜히 즐거워졌다.

내가 어떤 사람인지 아는
한 가지 방법

지구 환경과 건강을 위해 고기 섭취를 되도록 피한다.

플라스틱과 쓰레기를 줄인다.

풍요로운 삶을 위해 소비를 줄인다.

아이들에게 인생 길(주로 공부나 돈 많이 버는 직업)을 강요하지 않는다.

내가 진리에 가깝다고 생각하며 믿고 있는 것들이다. 진심으로, 강하게, 아무런 의심 없이!

누군가 나에게 "너의 믿음이나, 대량 살상을 하는 과격 종교 원리주의자나, 종말론에 빠져 집단 자살을 하는 사이비 단체 신도들의 믿음이나 결국에는 별 차이가 없다"라고 말한다면 결코 받아들이지 않을 것이다. 내 믿음의 바탕이 된 과학적 사실들과 타당성을 이야기하며 반박할지도 모른다.

하지만 어떤 믿음이 옳고 그르다고 말하는 것이 아니라 다른 주장을 하는 사람에 대한 이야기를 들려준다면 자세가 조금 달라진다. 그때는 나에게 질문하게 된다. "왜 나라는 사람은 그런 주장을 하는 걸까? 나는 어떤 사람일까?" 인간이 뭔가를 믿을 때 주목해야 할 것은, 그 믿음의 대상보다는 그 믿음을 선택하고 거기에 몰두하는 인간의 근본적인 공통점일지도 모른다.

이런 특성을 너무도 쉽게 설명한 책이 하나 있다. 딜런 에번스의 『유토피아 실험』(나현영 옮김, 쌤앤파커스, 2019년)이다. 쉽게 설명했다고 한 것은 이토록 복잡하고 심층적인 인간의 공통점을 자신의 극단적인 경험을 통해 보여줬기 때문이다. 그래서 이론적이고 철학적인 책보다 더 생생하게 이해가 된다. 그러나 에번스의 경험과 이 책을 쓸 수 있을 때까지 그가 거쳐야 했던 성찰의 과정은 쉽지 않았다.

에번스는 인공지능 AI 로봇을 개발하는 최첨단 기술 분야에 자리를 잡은 학자였다. 그는 정년이 보장된 교수였고 유망한 연구 프로젝트를 진행하고 있었다. 그런데 그는 문명 종말론에 빠진다. 마야 문명이나 이스터 섬 문명이 환경을 파괴하고 자연을 착취하면서 종말에 이르렀다는 가설은 어느 정도 역사적 사실로 받아들여진다. 수천 년 전에는 문명권이 지구의 한 부분에 제한되었으니 한 문화의 종말로 그쳤지만, 현재는 전 지구가 단 하나의 문명권이나 다름없다. 그러니 인류 전체의 종말을 예상하는 것은 과학적으로 꽤나 설득력이 있다. 게다가 에번스는 최첨단 기술을 선도하는 분야에 있으니 문명이 위기에 처했다는 증거들을 더욱 가까이에서 절실하게 접할 수 있었다. 그는 종말이 왔을 때 살아남을 수 있는지 알아보는 실험을 설계하고 지원자를 모집한다. 실험을 위해 그는 집을 팔아 자금을 대고 직장을 그만두는 것도 모자라, 몸담고 있는 업계를 강도 높게 비난하는 글까지 발표해서 직장 복귀를 불가능하게 만든다. 실험은 설명이 필요 없을 만큼 엄청나게 실패한다. 집을 판 자금은 다 날렸고 제대로 된 주거 환경도 이루지 못했으며 농사의 결과도 처참한 것은 물론 건강마저 잃게 된다. 결국 실험은 에번스가 미쳐버려 정신병원에 입원하면서 끝난다.

사실 사회의 타락과 문명의 몰락에 대한 비판, 그에 대한 대안으로 생겨난 공동체, 그리고 이런 시도의 실패에 대한 이야기는 너무나 많다. 가장 유명하고 거대한 실험이라면 공산주의 혁명이겠다. 이런 이야기들은 주로 사회적인 문제와 인간 집단의 문제에 집중한다. 그런데 에번스의 이야기는 같은 상황에서 한 개인의 내면을 철저하게 추적하는, 꽤나 찾아보기 힘든 이야기다. 에번스의 이야기는 그 설득력보다 이처럼 보기 드문 접근 방식 때문에 소중하다. 이 책을 읽을 때는 에번스의 생각이 옳고 그른지 판단하는 대신 한 개인의 독특한 내면이 시간이 지남에 따라 변화하는 과정을 살펴보는 것이 더 의미 있다.

이 책에는 그가 자신이 몸담고 있는 첨단 기술 분야에 대해 처음으로 의문을 품는 순간이 잘 그려져 있다. 당시 에번스는 AI 로봇을 개발하는 프로젝트에 참여 중이었다. 평균수명이 늘어나는 미래에 독거노인의 말벗이 되어줄 수 있는 로봇을 만드는 것이 목표였다. 어느 날 그는 멕시코 여행 중 가이드에게 자신이 하는 일을 설명하다가 외면할 수 없는 질문에 부딪힌다. '외로움의 해결책이 정말로 더 많은 기계 장치를 만드는 걸까?'

그는 옛날처럼, 가족과 이웃이 서로서로 어울려 사는 것이 좋았던 게 아닐까 하는 의문을 갖게 된다. 여기서 "맞아, 옛날이 좋았어. 옛날로 돌아가야 해"라고 하는 것은 해결책이 아니다. 현재 우리가 돌아보는 그 과거는 좋아 보이지만, 그 과거를 살았던 이들이 같은 상황을 문제라고 느껴 그걸 해결하다 보니 현재가 된 것이니까. 그렇다고 맹목적으로 더 좋은 기계를 만드는 것이 해결책일까? 다시 질문을 읽어보자. 그 안에는 다른 질문이 들어 있다. "모든 문제에 해결책이 있어야 하는 걸까? 모든 문제를 기어코 해결하려고 하는 것은 지독하게 인간만이 지닌 특성이 아닌가? 인간은 도대체 왜 이런가?"

그런 인간 내면의 근본적인 특성을 에번스는 날카로운 한마디로 진단한다.

지구 종말론자들은 사실상 현대 문명이 붕괴되기를 고대한다.

그리고 그는 실험을 준비하고 실행하면서 자신을 포함한 참가자들이 금융 위기나 환경이 파괴되었다는 소식에 은근히 기뻐하고, 희망적인 소식에 대해서는 낙담하기도 했다고 고백한다. 단지 심사가 꼬인 탓은 아닐 것이다. 지구가 멸망하면 자신들도 고통을 당할 테니까. 그들은 자신의 주장이나 자신이 생각한 해결책이 맞기를 바라는 마음이 자신들의 실질적인 안위보다 더 중요했던 것이다. 이 심리가 과연 특정한 집착에 빠진 이상한 사람들에만 해당될까? 우리도 크고 작은 우리의 믿음을 위해 살아가고 있는 건 아닌지 생각해 봐야 한다. 물론, 여기에도 명쾌한 해답은 있을 수 없다.

에번스는 자신의 심리를 너무도 직설적으로 고백한다.

내 불안(기계 문명의 종말, 환경 파괴에 대한 불안)은 나와는 아무 상관이 없었다. 모두 사회 탓이었다. 더 구체적으로는 우리의 자율성을 빼앗고 자연과의 관계를 악화시키며 "점점 자연스러운 인간 행동 양식에서 멀어지는 쪽으로 행동하게" 강요한 산업 기술 시스템의 탓이었다. (…) 현재 나는 그렇게 확신하지 못한다. 공식적으로 꾸며낸 이야기의 포장 이면에서 희미하게 다른 동기를 감지할 수 있었고, 그 동기는 그리 훌륭하지 못했다. 난 그저 소질도 없고 남보다 뛰어나게 될 가망도 없는 일에서 벗어날 길을 찾고 있었던 게 아닐까? (…) 유토피아 실험은 어디로도 가고 있지 않은 길에서 우아하게 탈출하는 걸 돕는 거짓 핑계가 아니었을까? 아마 그럴지도 모른다. 하지만 왜 그토록 정교한 핑계를 지어냈을까?

에번스는 최고의 교육을 받았고 전망이 좋은 직장에서 안정된 지위를 누리며 든든한 경제적 기반도 마련했다. 하지만 그모든 것을 던지고 시작한 실험이 비참한 끝을 맞이한 것이다. 그는 자신의 실험을 썩어가는 사회를 위한 정의로운 도전으로 포장하고, 그 실험의 실패조차 참가자들의 게으름이나 사회적 문제로 돌릴 수도 있었다. 그러나 그는 어떤 변명도 없이 냉정하게 자신의 내면에 숨겨진 다른 동기를 고백한다. 남들이 아무리 인정을 해도 스스로 만족할 만한 발전을 하지 못할 거라는 불안이 동기라니. 이것은 이 책이 우리에게 던지는 날카로운 질문이기도 하다.

그래서 나도 생각해 봤다. '내가 이 글 맨 앞에서 주장했던 것들 역시 내 분야에서 탁월하지 못한 것에 대한 해결책으로 특별해지고 싶은 마음에서 비롯된 것이었을까?' 그럴싸한 이야기다. 정말로 인간은 모든 문제에 해결책을 찾는 데 천재인 것 같다. 물론 문제를 실질적으로 해소하는 해결책이 아니라 억지 해결책이라도 말이다.

에번스의 질문은 여기에서 그치지 않는다. 아무리 그래도 꽤나 잘나가고 있었는데 도대체 왜 이렇게 극단적이고 정교한 방법을 택했을까? 이 질문에 대한 답을 고민하다 그는 유토피아 실험을 준비하다 만났던 믹이라는 자급자족 전문가를 떠올린다. 그는 세상의 끝에 대비해 실험을 준비한다는 에번스에게 이렇게 말한다.

"세상의 끝이라고요? 그런 건 인간의 유한성을 사유하는 또 다른 방식일 뿐이죠."

즉, 언젠가 모든 인간은 죽고 그러므로 자신 또한 소멸할 거라는 생각이 주는 공포를 피하기 위해 인류의 종말을 상상하는 셈이다. 인간은 알다가도 모를 역설의 존재다. 특별해지고 싶은 이유는 단지 내가 남보다 돈이나 권력이나 지위가 모자란 데에서 그치는 것은 아닌 듯하다. 자신의 소멸을 부정할 수는 없으니, 그나마 특별해지기라도 해야 하는 것이다.

이런 확인하기 불가능한 내면의 동기를 왜 생각해 보아야 할까? 건강하게 먹고 쓰레기를 줄이고 아이들에게 폭넓은 자유를 주는 게 나쁜 것도 아닌데 말이다. 하지만 우리에게 필요한 것은 지구를 구하는 것이 아니라 내 마음의 평화와 스스로의 자유인지도 모른다. 나 자신과 나를 둘러싼 타인과 환경의 문제에 해결책을 찾지 않고도 문제 가운데에서도 만족과 즐거움을 찾아내며 사는 것이야말로 자유다.

　나는 분명히 죽을 것이며 인류는 언젠가 멸망할 것이다. 공룡을 비롯해 지구상에 생겨난 무수한 생명체들이 어떻게든 멸종했듯 말이다. 끔찍하고도 확실한 미래를 담담하게 긍정하면서도 지금 충만하게 살아갈 수 있는 것이야말로 인간이 누릴 수 있는, 혹은 누리고자 노력해야 하는 자유일지도 모른다. 그리고 그 자유는 종종 나에 대한 이해에서 비롯된다. 내가 그토록 강력하게 믿고 있는 주장들은 도대체 내가 어떤 사람인지 이해하는 데 필요한 시작이다.

2장 | 감히
쓸모없어질 용기

말은 멋있게 하는데
성격이 이상해

막연하게 시골에서 살고 싶다는 생각을 처음 하게 해준 책은 『조화로운 삶』이었다. 나는 니어링 부부의 삶에 열광했다. 그렇게 살고 싶었고 충분히 그럴 수 있을 것 같았다. 30대 초반, 결혼한 지 몇 년 안 됐을 때 이 책을 읽고 좌절했다. '아, 결혼 전에 읽었어야 했는데 엉뚱한 남자랑 결혼했다.' 남편은 하늘이 무너져도 시골에 살 사람은 아니었다. 『조화로운 삶』과 함께 언급되는 책이 『월든』이다. 그런데 『월든』은 대학 전공 수업 때문에 훨씬 먼저 읽었는데도, 처음 읽었을 때 괴상하게 느껴졌다. 중요한 이야기를 하는 건 분명한데, 저자인 소로를 본받고 싶은 생각이 들지 않았다. '이 사람 말은 멋있게 하는데, 성격이 이상해.'

그런데 결과적으로『조화로운 삶』은 희망을 준 만큼 내게 절망을 줬다. 지금도 그들 부부가 위대한 현자라는 점에 대해서는 의심하지 않는다. 문제는 내가 그들의 수준에 못 미친다는 것이다.『조화로운 삶』에는 하루에 4시간만 노동을 하면 생계를 해결할 수 있다고 쓰여 있다. 그런데 정작 농사일을 실컷 해서 진이 다 빠진 다음 시간을 보니 채 30분도 지나지 않았지 뭔가. 농사일은 1, 2년 정도 한다고 늘지도 않았다. 니어링 부부가 하는 단식이나 극히 절제된 식단도 따라 해보려고 했지만, 내가 얼마나 넉넉히 밥을 먹어야만 행복할 수 있는 동물인지 확인하게 될 뿐이었다. 정말 우울했다.

그러다가『월든』이 왜 괴상하게 느껴졌는지가 언뜻 떠올랐다. 니어링 부부에 비하면 소로는 완벽하지 않았다. 숲에 들어가 산 것도 겨우 2년이고, 책 내용도 이런저런 변명처럼 들리는 것들이 많았다. 하버드대까지 나왔으면서 나약한 지식인이나 사회 부적응자처럼 투덜거리며 자기를 합리화하는 것 같았다. 그런데 소로는 주야장천 자신의 이야기를 하는 동시에 나를 따라 하지 말라고 외치고 있었다. 처음에는 책임을 회피하려는 형식적인 경고문인가 싶었다.『월든』에는 따라 하려고 해도 딱히 그렇게 할 만한 게 없기도 하다. 소로는 니어링 부부처럼 투철한 철학을 세워 그에 맞는 삶을 설계하고 적절한 생활 여건을 조성해 철저하게 실천한 게 아니다. 그보다 삶의 조건들이 변화함에 따라 그에 맞춰서 먹고살고자 아등바등했다고 보는 것이 더 현실에 가깝다. 가족 사업인 연필 공장도 접었고 형과 학교를 차렸다가 형의 건강이 악화되어 그만두었다. 월든 호숫가에서 살다가 2년 만에 나온 것도 에머슨 집에 들어가 가정교사를 하면서 생계를 유지하기 위해서였다.

시골에 내려와 농사를 짓는 것도 아니고 짓지 않는 것도 아닌 채로 소일하던 어느 날, 스콧 니어링이 아들과 의절했다는 걸 알게 되었다. 니어링이 자본주의의 앞잡이라고 여겼던 언론 재벌인 헨리 루스가 소유한 《타임》에 아들이 취직했다는 이유였다. 아들이 자신의 철학과 반대되는 일을 하는 것을 받아들일 수 없었던 것이다. 스콧 니어링의 이런 결정은 가혹하다기보다 그답다고 느껴진다. 그는 자신의 능력으로 명망 높은 직장을 구한 친아들을 배척할 수 있을 만큼 강인하고 일관성 있게, 완벽에 가까운 삶을 살았다. 그가 아들과 연을 끊은 것을 비난하는 마음이 들기는커녕 부럽기까지 했다. 그 정도로 완벽하게 자신의 철학과 삶을 일치시킬 수 있다니. 하지만 나는 위대한 사람도 아니고, 그런 사람이 되고 싶은 것도 아니라는 걸 깨달았다. 모자라고 앞뒤가 안 맞는 그대로의 내가 되고 싶었다. 이 세상에 단 하나밖에 없는 '나'. 그러자 소로를 따라 하지 않고도 『월든』에서 배울 것이 많아졌다. 숲에서 살고, 농사를 짓고, 자본주의의 나쁜 점을 개선하는 게 아니라, 소로가 보여준 자신의 삶을 만들어가는 과정, 그리고 그 태도를 닮고 싶었다. 니어링 같은 현자가 되어 그 반대되는 삶을 살아가는 사람을 배척하며 살아갈 저력이 나에게는 없다는 걸 알았다.

소로가 괴상하게 느껴졌던 건 그가 자기 삶의 고유함을 보여주기 때문이다. 그는 자신이 삶을 살아가는 방식이 얼마나 타당하고 합리적인 것인지 강하게 주장하면서도, 본인을 따라 살지 말라고도 말한다. 논리를 따지자면 횡설수설이지만, 사실 나 같은 평범한 사람의 삶 자체가 그렇지 않을까?

물려받은 땅이 있는 어떤 젊은이가 내게 말했다. 돈이 생기면 나처럼 살겠다고. 나는 누구에게도 내 삶의 방식을 어떤 식으로도 따라 하라고 하지 않을 것이다. 누구든 내 삶의 방식을 배우기도 전에 나는 이미 다른 방식을 찾았을 수도 있고, 이 세상의 최대한 많은 사람이 서로 다르기를 바라기 때문이다. 그러니 나는 모두가 신중하게 자신의 길을 찾아 나아가기를 바란다. 자신의 아버지나 어머니나 이웃의 길이 아닌, 자신만의 길을 말이다.

이 단락은 소로 특유의 엄숙한 유머가 돋보인다. 땅까지 물려받은 젊은이가 돈이 더 생기면 소로처럼 살겠다니. 당시 소로는 빈털털이나 다름없었다. 월든 호숫가의 땅도 친구 소유였다. 그다음은 더 재미있다. '나를 따라 할 때쯤 나는 그 방식을 버리고 다른 방식으로 살고 있을 거야.' 각자 자기 식대로 살라고 했지, 흉내 내라고 한 적은 없다고 진한 선을 긋는다.

각자 자신만의 방식을 찾아서 살라는 메시지는 극단적인 개인주의의 표현이다. 소로는 바로 이어지는 단락에서 집을 예로 들어 그가 생각하는 개인주의를 설명한다. 지붕이 하나인 큰 집을 지어서 여러 가구로 분리하면 더 많은 사람이 더 적은 비용으로 살 수 있다는 점을 인정하면서도 소로는 그럼에도 불구하고 혼자 사는 집을 선택하겠다고 단호하게 말한다. 벽을 사이에 둔 이웃이 자기 몫의 일을 하지 않거나 가까이 하고 싶지 않은 사람일 수도 있다는 것이다. 이어서 그는 사람들이 함께 조화롭게 살 수 있는 가능성을 의심한다.

유일하게 가능한 협력은 부분적이고 피상적이다. 진정한 협력이 가능하다 해도 그것은 인간의 귀에 들리지 않는 하모니일 뿐이니 불가능하다고 해야 한다. (…) 혼자 여행하는 사람은 오늘 당장 출발할 수 있지만, 다른 사람과 함께 가는 사람은 상대가 준비될 때까지 기다려야 한다. 기다림은 오랜 시간 이어질 수도 있다.

그는 이런 자세가 사람들의 비난을 산다는 것을 알고 있었다. 소로는 마을 사람들이 이 모든 것이 매우 이기적이라고 말했다고 덧붙인다. 하지만 이기적인 것이 아니라고 변명하기보다는 한 발 더 나가듯 말한다. 실은 자선도 거의 베푼 적이 없다고. 그리고 불쌍한 사람을 도우라는 제안을 받았던 경험을 전하며 다소 놀라운 이야기를 한다.

내가 할 일이 없었다면, 빈둥대면 악마가 가만두지 않을 테니 불쌍한 사람을 돕는 일을 하는 데에 시간을 썼을지도 모르겠다. (…) 나처럼 안락하게 살 수 있게 도와주겠다는 제안을 해보기도 했지만, 다들 계속 가난하게 살겠다고 했다. (…) 다른 사람들을 위해 봉사하는 사람들이 너무도 많으니 적어도 한 사람쯤은 그런 일과는 다른, 덜 인도적인 일을 해도 된다고 믿는다. (…) 나는 선행을 해보기도 했지만, 이런 일이 내 체질에 맞지 않다는 것에 만족한다. 이렇게 말하는 게 이상하게 들리더라도 어쩔 수 없다. 사회가 내게 요구하는 착한 행동을 하고, 우주를 구하기 위해 나만의 특별한 소명을 포기해서는 안 될 것이다. 우주를 지키고 있는 것은, 다른 곳에 있는 비슷하지만 무한하게 거대한 견고함이라고 믿는다. 내가 거부한 선행을 하는 이들이 자신의 타고난 특별함을 발휘하는 것을 막진 않을 것이다. 그들은 온 마음과 정신과 삶을 다해서 그 일을 할 것이다. 세상은 그들의 행동을 악행이라고 부를 가능성이 높은데, 그들에게 해주고 싶은 말은 그래도 끝까지 견디라는 것이다.

그가 말하는 개인주의는 나만의 이익을 추구하는 사상이 아니다. 오히려 모두가 각자 다른 자기만의 삶을 만들어가는 것에 가깝다. 그는 이 차이를 보여주기 위해 우리가 흔히 받아들이는 정의들을 여럿 뒤집고 능청스럽게 비꼰다.

그가 여기서 먼저 공략하는 것은 이름도 아름다운 '자선charity'과 '선행Doing-good'이다. 자신만의 타고난 소질과 열정으로 선행을 하는 사람에 대해 소로는 이렇게 말한다. 세상은 이 사람의 행동을 악이라고 할 것이라고. 그리고 자신은 세상이 정의하는 자선 행위에 소질이 없어서 만족스럽다고까지 한다. 그리고 아주 많은 사람들이 선행을 하고 있으니 나 하나쯤은 안 해도 된다며 능청을 떤다. 우주를 구한다는 명분하에 세상 사람들의 인정을 받으면서 하는 선행이 과연 선행인가 하는 일침을 놓는 것이다. 그가 보기에 이런 선행은 실제 우주를 구하지 않는다. 구체적으로 말하고 있지는 않지만, 우주를 구하는 것은 다른 데에 있다고 말한다. 그 다른 것이라 함은 아마도 마음과 영혼과 삶을 전부 걸고 하는 나만의 그 무엇을 포기하지 않는 것이다. 남들이 초라하고 한심하다 조롱해도 말이다.

그다음은 '가난poor'이다. 소로는 『월든』 책 전체에 걸쳐 가난의 정의를 무수히 뒤집는다. 여기서 소로는 다른 이들에게 자신처럼 안락하게 살도록 도와주겠다 했지만 다들 계속 가난하게 살겠다고 거절했다고 말한다. 그가 말하는 가난이란 많은 재산을 갖고 그것을 관리하느라 제대로 삶을 살지 못하는 것이다. 그가 말하는 안락한 삶은 물질적으로 더 부유한 삶이 아니라 있는 그대로 삶의 풍요를 느끼는 삶이다. 그는 그 방법을 알려주려고 했던 것이다. "나처럼 안락하게 살게 해주려고"라는 대목 역시 소로 특유의 엄숙한 유머 감각이 돋보이는 구절이다. 소로는 평생 물질적으로 안락하게 산 적이 없다. 굶을 정도로 가난하지는 않았지만 한평생 돈에 쪼들렸다. 그러니 소로의 도움을 거절하고 가난한 상태로 계속 살고 싶다던 사람들은 아마도 소로보다 부유하지만 소로가 보는 삶의 풍요를 누리지 못하는 사람들일 가능성이 높다.

마지막은 공동체다. 소박한 노동과 협동으로 함께 살아가는 공동체에 대한 꿈과 실험은 인류 역사상 언제나 있어 왔지만 대체로 실패했다. 소로가 직접 보았던 실험이 브룩 팜Brook Farm이다. 당시 소로를 비롯해 철학자 에머슨이나 소설가 너새니얼 호손 등의 초월주의자들은 개인의 각성과 깨달음을 강조했다. 그들의 이런 생각은 사회문제를 외면한 지나친 개인주의가 아닌가 하는 대한 비판도 있었다. 그래서였을까. 초월주의를 신봉하는 몇몇 사람이 모여 농장을 함께 구입해 공동체 실험을 했지만 5년 여 만에 실패했다. 일단 먹고살기 위해 필수적인 농사일을 다들 싫어했다. 꾹 참고 힘든 노동을 해도 도저히 집을 짓고 식량을 살 만큼의 돈을 벌 수 없었고, 공동체는 결국 파산에 이르렀다. 각자 내기로 약속했던 가입비도 제대로 걷히지 않았다. 인간은 이기적이기 때문일까? 선행에 소질이 없어서 만족한다고 당당히 말하는 소로의 이야기를 한참 읽다 보면 그것만은 아닐 거라고 생각하게 된다. 인간이 악해서 공동체를 이룰 수 없는 것이 아니다. 각자 다른 열정을 가지고 살아가야 하는 인간들을 하나의 철학이나 방식 안에 인위적으로 공동체로서 묶어놓는 것이 진짜 문제 아닐까.

소로는 우리가 소중한 것이라며 다 함께 받들고 이루어야 한다는 의무감을 느끼는 선행이나 공동체, 혹은 부유함 같은 것들 때문에 우주가 굴러가는 것이 아니라고 말한다. 그가 보기에 세상을 지탱하는 것은 다 다르게 살아가는 견고함이다. 내가 온 마음을 다해서 나만의 삶을 살아가려 하는 그런 견고함 말이다. 소로가 가난과 부유함에 대해서도 자신만의 정의를 내리는 것처럼.

개인주의가 사회운동 참여와 상반되는 개념은 아니다. 소로 역시 불의에 민감한 사람이었고 평생 동안 노예제에 강력하게 반대했다. 다만 그는 그것을 선행이라 부르지 않았다. 사회운동을 하고 싶은 사람은 하지 않는 사람을 비난하는 대신, 자신의 방식과 신념대로 하면 된다. 그리고 자신만의 삶을 찾고 싶은 사람은 남들이 이기적이고 무책임하다 불러도 그 시선을 견뎌내면서 나아가면 된다. 비난하는 사람들에게 화를 내고 반박하는 대신, 소로처럼 하는 것이다. "그래, 나는 (당신들이 생각하는) 선행을 하는 데에 소질이 없어서 안 해." 그렇게 가볍게 넘기고, 무겁게 자신의 길을 찾아야 한다.

적어도
나의 실험에 의하면

'사람이 꿈도 목적도 없이 어떻게 사냐? 그게 말이 돼?'

내가 그렇게 사는데, 위의 문장처럼 질문하면 뭐라고 대답해야 할지 모르겠다. 이렇게 사는 것이 옳다는 신념으로 그렇게 사는 건 아니다. 어쨌든 오늘 하루는 살 수 있다는 것만이 확실할 뿐이다. 나를 닮은 초등학교 5학년 작은아이를 보아도 그렇다. 중년의 어른이야 그럴 수도 있지만, 어린아이들은 꿈과 희망이 있어야 하지 않느냐는 반문에 대한 하나의 사례가 될 수 있을 것 같다.

아이는 방학이 되어도 계획 따위는 없다. 해보고 싶은 게 없느냐고 물어도 태평하기 그지없다. 꼭 공부나 그림 그리기 같은 것이 아니어도 좋으니, 동네 산이나 파머스 마켓을 가는 등 노는 것이라도 꾸준히 해보고 싶은 게 없는지 물어도 요지부동이다. 자기는 하루하루 그냥 사는 게 좋다고 한다.

아이는 책을 많이 읽는다. 그러니까 좋은 걸까? 하지만 이 아이가 독서하는 방식을 보면 그다지 아이에게 힘이 될 것 같지 않다. 독서의 목적은 천천히 다양한 관점에서 자신의 생각과 상상을 만드는 데에 있을 것이다. 여기서 중요한 건 '천천히'와 '다양한 관점'이다. 그런데 이 아이는 태블릿 PC며 스마트폰이 없어서 지루함에 몸부림을 치다가 책을 읽는 것이라 그런지 스마트폰 스크롤을 내리듯 엄청난 속도로 책을 읽는다. 그러니 관점 같은 것도 없다. 오로지 주인공이 죽느냐 사느냐, 그것만 알아내면 된다. 궁금한 결말에 이르는 과정에 대한 줄거리나 주변 인물은 파악을 못할 때도 많다. 아기 때부터 겨우 10장 남짓한 유아 그림책 한 권도 끝까지 읽지 못했다. 중간에 들어간 중요하지도 않은 그림 하나에 꽂혀서 딴 소리를 했다. 지금까지 책을 끝까지 읽는 집념도, 그래야 한다는 목적도 전혀 없다.

이런 아이가 가장 좋아하는 책은 그리스 로마 신화를 소재로 하는 릭 라이어던의 『퍼시 잭슨과 올림포스의 신』 시리즈다. 이 책이 왜 좋은지 물었더니 이렇게 답했다.

"절대로 상상할 수 없는 일들을 막 하거든. 사람이랑 신이랑 말도 안 되는 이유로 죽이고, 바람 피우고, 복수하고. 예상할 수가 없어. 다른 책들은 뻔한데."

한 권의 책을 한 시간도 안 돼서 다 읽었다고 할 때도 많다. 물어보면 자기가 궁금해한 결말을 알았으니 된 거라고 한다. 그러면서도 아이는 1년 넘게 이 시리즈에 빠져 있다. 천을 잘라서 그리스 시대의 옷이라고 어깨에 두르고 다니고, 신들의 언어를 만들었다며 중얼거린다. 그러던 어느 날, 『퍼시 잭슨』에 자주 나오는 호메로스의 『오디세이아』가 궁금하다며 빌려달라고 했다. 빌려줬더니, 3초 만에 중얼거린다. "너무 어려워. 이게 뭐야. 무슨 소린지 모르겠다."

그래서 말했다.

"읽기 싫으면 그만둬. 이런 책은 무슨 소린지 모르는 게 재미있어서 읽는 거거든. 너는 누가 죽는지 그런 걸 확실히 알아야 읽는 거잖아."

"응. 그걸 빨리 알고 싶어."

"그러니까 안 읽어도 돼."

"읽어볼래."

"그래도 못 읽을걸. 이건 시잖아. 결말이 중요한 게 아니야. 그냥 느낌으로 읽는 거야. 그리고 한 연聯 안에서 가만히 머무는 거지. 읽는 게 아니라고."

"그게 뭐야?"

"이 책에서 바다에서 싸웠다고 나오잖아. '싸워서 누가 이겼지? 주인공이 죽었나?' 그런 걸 생각하지 말고, 그냥 파도가 거

세게 이는 바다 위에서 전투가 벌어지는 그곳에 네가 있는 느낌을 상상하는 거야. 그러다가 모르는 단어가 나오지? 그러면 그 단어를 빨리 알고 싶어지잖아? 근데 그러지 말고, 그냥 네가 바다 위에서 흔들리는 배에 탄 것처럼 그 줄을 소리 내서 읽어봐. 네가 읽는 소리를 듣다가 천천히 사전을 찾는 거야. 그리고 또 읽어봐. 그러면 단어를 몰랐을 때와 알았을 때 머릿속에 떠오르는 그림이 어떻게 달라지는지 천천히 기다리는 거지. 이렇게 읽으면 한 번에 연 한두 개 읽는 게 다야. 새로운 사건 같은 것도 거의 안 일어나. 그냥 바다를 느껴보는 것으로 끝. 이게 싫으면 안 읽어도 돼. 너무 유명한 책이니까 남들이 줄거리를 요약한 것만 읽어도 되고."

그래도 해보겠다며 『오디세이아』를 펼친 아이는 고작 30분이 조금 넘는 시간 동안 다섯 개의 연을 읽더니 말했다.

"우와, 신기하다. 이렇게 읽어서는 이거 다 못 읽겠지? 그런데 이렇게 계속 읽고 싶어."

"왜?"

"『퍼시 잭슨』을 읽을 때는 정말 재미있거든. 결말이 너무 궁금해서 말이지. 그런데 이렇게 읽으면 강물 속에 있는 것 같아. 강물은 흐르지 않는 것처럼 보이지만 흐르기는 하잖아. 이런 느낌도 있구나."

"그런 느낌을 처음 알았어?"

"응. 이렇게 느리게 읽는 것도 재미있는지 몰랐어."

이렇게 이틀간 천천히 읽은 아이는 더 이상 『오디세이아』를 찾지 않았다. 언젠가 다시 생각이 나면 또 읽을지 그러지 않을지는 모르겠다. 하지만 책을 다 읽은 것도 아니고 특별히 지식을 얻었다고도 할 수 없는 지금도 아이는 예상치 못했던 뭔가를 얻었다. 느린 강물을 타는 읽기의 즐거움. 그렇게 하루를 보냈으니 좋다. 아무것도 하지 않아도, 별로 도움이 되지 않아도 아이는 무언가를 했다.

아무것도 하지 않는 것과 무언가를 하는 것. 목적이나 꿈이 있는 것과, 그런 것은 없지만 그 방향으로 나아가는 것. 여기에는 무슨 차이가 있을까?

『월든』에서는 다음과 같이 설명한다.

적어도 나의 실험으로부터 배우게 된 것은 다음과 같다. 인간이 자기 꿈의 방향으로 자신 있게 나아가고 상상했던 삶을 살기 위해 노력하면, 그는 평범한 시간에 예상치 않았던 성공에 맞닥뜨리게 된다. 그는 어떤 일은 버리게 될 것이고, 눈에 보이지 않는 어떤 경계를 넘게 될 것이다. 새롭고 보편적이며 좀 더 자유로운 규칙들이 저절로 그의 주변과 내부에 자리를 잡기 시작할 것이다. 혹은 과거의 규칙들이 확장되어 좀 더 자유롭게 그에게 맞도록 해석될 것이다. 그는 좀 더 높은 존재의 규칙이 주는 자유를 누리며 살 것이다. 그가 자신의 삶을 간소화할수록, 우주의 법칙도 덜 복잡해질 것이다. 고독은 고독이 아니고, 가난은 가난이 아니며, 약점은 약점이 아닐 것이다. 그대가 허공에 성을 지었다 해도 그대의 노고를 헛수고로 여길 필요는 없다. 당신의 성이 있어야 할 곳은 딱 거기가 되도록 하면 된다. 이제 그 성 밑에 기초를 넣으면 된다.

그렇다면 평범한 시간에 맞닥뜨리는 예상치 못한 성공의 모습은 무엇일까?

먼저 '평범한 시간common hours'에 대해 생각해 본다. 목적을 달성하거나 엄청난 실패를 하는 순간들은 평범할 수가 없다. 합격 불합격이 결정되고, 『오디세이아』를 완독하는 순간들은 결코 평범하지 않다. 평범하다는 것은 누구에게나 대수롭지 않은 시간에도 허용되는 그런 순간들이다. 1400년 전에 쓰인 책을 펼쳐 읽어보는 그런 시간과 행동처럼 말이다.

'예상치 못한 성공a success unexpected'이란 또 무엇일까. 우리가 목적을 갖거나 꿈을 꿀 때면 어디에 도달할지 예측하고 상상한다. 산을 오른다면 정상에 발을 딛는 것이 성공이리라. 그런 성공이 아닌 예상치 않은 성공은 뭘까? 이런 성공은 얻어내는 것이 아니라 만나는 것이다. 소로는 동사 'meet'를 쓴다. 예상치 못하다는 뜻의 'unexpected'와 마주친다는 뜻의 'meet'

가 잘 어울린다. 예상치 못하게 딱 마주치는 것이다. 그렇게 만나는 성공의 가장 큰 특징은 무엇일까?

'Liberal', 즉 자유로워진다는 것이다. 이 말도 소로가 사용하는 방식을 엄밀히 관찰해 보자. 꿈이 예상하는 성공은 시험에 합격을 하고, 원하는 액수의 돈을 벌고, 원하는 직업을 갖는 것처럼 대단히 좁은 범위 안에 있다. 반대로 예상치 못한 성공은 미리 정해놓은 고정된 지점이 아닌, 우리가 지어놓은 경계를 넘는 것이다.

'License', 흔히 자격으로 번역되는 이 말은 우리에게 주어지는 더 많은 자유를 의미한다. 고독을 해결하고, 가난을 타파하고, 약함을 강함으로 바꾸는 것이 아니라, 고독, 가난, 약함에 대해 우리가 갖고 있는 고정된 한계 자체가 넓어지는 것이다. 『오디세이아』를 완벽하게 읽어서 글을 쓰고 남들에게 설명해 주는 것은 참으로 도달하기 어려운 성공 목표다. 하지만 우리는 그 성공에 도달하지 않아도 『오디세이아』를 마음껏 자유롭게 즐길 수 있는 라이센스를 얻을 수 있다.

물론 예상된 성공에 이르고 꿈을 이루기 위해서, 기초부터 튼튼히 쌓을 수도 있다. 열한 살짜리 아이가 『오디세이아』를 읽기 위해 차근차근 공부를 할 수도 있다. 하지만 그런 일이 있든 없든, 오늘 당장 어른들이 읽는 어려운 책을 펼치고 다섯 개의 연을 읽은 것이 아무것도 아닌 것은 아니다. 흐르는 듯 아닌 듯한 강물의 느릿한 조류에 몸을 맡기는 독서의 즐거움은 예상치 못한 평범한 시간의 성공이 될 수 있다.

내가 이 단락에서 주목하고 싶은 메시지는 두 가지다. 먼저, 꿈의 방향은 같을 수 있지만 성공의 모습은 모두에게 다르다. 그리고 그 다른 성공의 모습은 절대로 미리 알 수 없다. 해봐야지 안다.

두 번째는, 정해진 순서대로 가지 않아도 나만의 성을 만들 수 있다는 것이다. 이 메시지는 다시 작은아이를 떠올리게 한다. 책도 순서대로 차근차근 읽지 않고 결말부터 단숨에 보는 아이는, 커리큘럼이 정해진 단계대로 학습 단계를 밟아야 하는 목적지향적이고 평가의 틀이 분명한 학교의 관점에서 보면 산만하고 집중력이 없을 수 있다. 그래서 이 아이는 평생 동안 학교 외의 교육 기관에 다닌 경험이라곤 수영 두 달, 승마 여름 캠프 일주일이 전부다. 어린이집도 두어 달 다니다 말았다. 기초부터 튼튼히 배우는 건 이 아이에게 견딜 수 없는 일이다.

끈 매듭으로 팔찌를 만들고 싶을 때에도, 매듭의 기초부터 하나하나씩 배우지 않는다. 가장 어려운 것부터 일단 만들기 시작한다. 그러니 어떻게 될까. 중간에 너무 어렵다고 울면서 화를 내고 포기한다. 쉬운 것부터 차근차근 만들면 된다고 아무리 설명해도 막무가내다. 그래서 내가 하는 건, 지금 실컷 울라고 격려해주는 것이다. "며칠이고 몇 달이고 있다가 다시 돌아와서 해보면 돼. 그때는 무언가가 달라져 있을 거야"라고 말해주는 것뿐이다. 소로가 말했듯, 허공에 성을 지었다면 그 나름대로 즐기고 활용하면 그만이니까. 이 아이는 그렇게 자기만의 방식으로 나아간다. 그래서 학교나 학원에서 하듯 단계별로 친절하게 쉽게 진도를 나가는 것은 맞지 않다고 생각했다. 그리고 지금, 아이는 자기만의 작품들을 완성하고 있다.

정해둔 꿈이나 성공이 없는 것은 때로 다른 기회를 열어준다. 소로는 이런 구절로 단락을 시작했다. "적어도 나의 실험으로부터 배우게 된 것at least by my experiment". 이 모든 이야기는 소로가 자신의 실험과 경험에서 배운 것이다. 꿈도 목표도 좋지만, 가끔 그 존재는 믿음이 되어 실험을 방해한다. 아이가 『오디세이아』를 펼친 순간 다 읽어야 한다고 믿었다면 짧게나마 느린 강물에 잠기듯 읽는 즐거움을 알 수 없었을 것이다. 성공도 속도도 단계도 하나하나 스스로 실험해 봐야만 알 수 있는 것이다. 어떤 성공에 도달할지 혹은 실패에 도달할지 알 수는 없다. 그러나 '적어도' 오늘 하루는 나만의 실험으로 꽉 채울 수 있을 것이다.

용기 아닌 용기,
복종 아닌 복종

　몇 년 전 앞마당에 라벤더를 심었다. 심고 나서 2~3년 동안은 꽃도 피지 않아서 죽었나 보다 했는데, 어느 순간 쑥쑥 자라 때가 되면 보랏빛의 자그마한 꽃을 피운다. 그다지 풍성하지는 않다. 하지만 물도 비료도 주지 않는데 이만큼 자라니 고마울 따름이다. 유일하게 해주는 것이 초가을에 가지를 치는 것인데 꽤 즐겁다. 한 번 가위를 휘두를 때마다 마당 가득 향기가 퍼진다. 라벤더 내음을 들이마시다보면 아무것도 하지 않고 얻게 된 수많은 것들과 또 잃은 것들이 떠오른다. 이런 때면 되새기는 오래된 질문이 하나 있다.

　어떻게 세상을 사랑하면서도 세상으로부터 자유로울 수 있을까? 어떻게 사람들과 어울리고 사랑하면서도 인간들이 만들어낸 불합리와 잔인함에 절망하지 않을 수 있을까?

　여자는 대학 도서관에도 함부로 출입할 수 없을 정도로 성차별이 심했던 20세기 초, 영국에서 살았던 천재 소설가 버지니아 울프는 에세이 『자기만의 방』에서 여성의 현실을 그린다. 하지만 이 책은 여성의 현실을 고발하는 데에서 멈추지 않는다. 현대 교육을 받은 오늘날의 사람이라면, 이 책을 읽지 않아도 여성의 일상에 아직도 만연한 불공평함에 대해서 세련된 논리로 개탄하고 개선방향까지 제시할 수 있을 것이다. 그런데 이 책은 그런 논리를 벗어난 결론으로 간다. 『자기만의 방』을 읽은 후 이 세상이나 나 자신의 불합리한 모습을 비판하고 싶을 때, 멈칫하게 됐다. 나는 울프에게서 그 순간에 먼저 무엇을 생각해 봐야 하는지 배웠다. 외부의 어떤 대상을 비난하기 전에 먼저 내 안에 있는 날것의 부정적 감정을 보는 것이다. (원문에서는 주로 '쓰다'는 의미로 번역되는 bitterness라고 했다. 나는 이것을 '정제되지 않은 부정적 감정'으로 이해했다.) 울프는 아무리 억울하고 화가 나도, 불합리를 당하는 여성의 입장만이 아니라 한 사람의 예술가로서 인간의 보편성을 표현하려면 자기 안에 있는 '비터니스bitterness'를 내려놓아야 한다고 썼다.

　하지만 내게는 어려운 일이었다. 나는 울프가 예로 든 것처럼 창조적인 소설가가 아니라 평범한 사람이니까. 울프의 말이 불평은 그만두고 현실에 눈을 감으라는 뜻은 아닐 것이다. 그렇다고 화를 내고 분노를 표현한다고 세상이 바뀌거나 당장의 내 상황이 나아지지 않을 것도 분명해 보인다. "다 소용없어. 이번 생은 망했어. 이 세상도 글러먹었어." 그런 태도로 살아가고 싶지도 않다.

여성 문제만 그런 건 아니다. 빈부격차가 갈수록 심해지는 자본주의 사회의 병폐들이나 환경문제, 노동문제도 그렇다. 사회문제뿐 아니라 나 자신이 개인으로 살아가는 모습 또한 마찬가지다. 잘 살고 싶은 마음이 굴뚝같지만 내 마음대로 되지도 않고, 어떨 때는 나 자신이 한없이 한심하다. '나는 여기서 뭐하고 있나' 한탄하기도 하고, 부모나 사회를 탓하기도 한다. 과도한 자아를 비판하면서도 이런 순간이면 세상에서 가장 중요한 건 지질한 나의 고통밖에 없는 자기중심적인 마음이 생긴다. 전부 비터니스이다. 이런 비터니스를 버려야 한다는 것은 알겠는데, 그 방법은 모르겠다. 그 비터니스를 버리면 그다음에는 어떻게 된다는 말인지도 이해하기 어렵다. 이런 당혹감은 결국 절망감이 된다. '도대체 어쩌라고? 화를 내서도 안 되고, 그렇다고 현실을 무시해서도 안 되고.'

소로는 누구보다 세상에 이런 식의 불만이 많았을 것이 분명하다. 그러나 소로는 그의 까칠한 태도를 고려했을 때 상당히 의외인 이야기를 『월든』에서 한다.

프랑스 혁명기 정치가 미라보는 노상강도질에 나섰다는데, 그 이유가 "사회에서 가장 신성한 법칙에 당당히 반대하는 위치에 서려면 어느 정도의 결단이 필요한지 확인하기 위해서"였다. 미라보는 단언했다. "군대에 소속돼 전투에 투입되는 군인에게 필요한 용기는 노상강도의 반도 안 된다—명예와 종교가 숙고하고 내린 굳은 결단을 방해한 적이 없다." 지금 세상이 돌아가는 것을 보면 용기 있는 말이다. 그러나 이는 절박하거나 그렇지 않으면 나태한 것이다. 좀 더 제정신인 사람이라면 훨씬 더 신성한 법칙에 복종함으로써 "사회에서 가장 신성하다고들 여겨지는 법칙"에 "당당히 맞서게" 될 것이다. 그리하여 자신의 길에서 일탈하지 않고도 결단을 시험할 수 있을 것이다. 사람은 사회에 반항하는 태도가 아니라, 자신의 존재의 법칙에 복종함으로써 갖게 되는 태도를 지켜나가야 한다.

소로는 노예제도에 항의하는 의미로 인두세를 내지 않았다. 그래서 오랜만에 마을에 갔던 어느 날 체포당해 감옥에 갇혔다가 친척이 대신 세금을 내줘서 다음 날에 풀려났다. 그런 소로가 사회에서 중요하게 여겨지는 법칙에 반항하는 태도를 갖지 말라고 말한다. 앞뒤가 맞지 않는 것 같다. 사회에 반항하던 그가 하룻밤 감옥에 갇혀보니 겁쟁이가 된 걸까?

그는 사회나 정부에 반항하는 게 중요하지 않다고 말한다.

소로는 반항이 아니라 복종을 권한다. 문제는 복종의 대상이다. 그는 "자신의 존재의 법칙the laws of his being"이 바로 복종하는 대상이 되어야 한다고 말한다. 그렇게 복종을 하다 보면 저절로 생기는 태도가 있을 따름이다. 소로는 굳이 미라보처럼 노상강도질 따위를 해서 사회의 규범을 위협하고 정부를 파괴하며 불안을 조장하는 행위의 효용을 묻는다. 모름지기 사람은 자신이 가는 길에서 벗어날 필요가 없는 것이다.

한걸음 떨어져 생각해 보면, 사회의 법칙이라는 건 아무리 잘못됐어도 내가 그 사회의 일원인 이상 나와 별개의 것이 아니다. 내가 차별받고 손해를 보는 사회의 법칙이라도 현재 나라는 존재가 있도록 가능하게 한 나의 일부이다. 비가 새는 집이라도 당장 부수는 것이 순서가 아닌 것과 같다. 비바람조차 막아주지 못하는 집이라 해도 어쨌든 지금까지 내가 살아왔던 곳이며, 어쩌면 비가 새는 것에 내가 어느 정도 기여했을지도 모른다.

그렇다면 자신의 존재의 법칙은 무엇일까? 소로는 구체적으로 답하지 않는다. 이쯤되니 짜증이 나려 한다. '아, 뭐야? 또 소로식으로 말만 번지르르하네.' 하지만 그가 대답하지 않는 이유는 그런 법칙이 없어서가 아니라, 사람마다 각기 다른 무수한 법칙이 있기 때문은 아닐까? 다 다르니 뭐라 꼬집어 말할 수 없었던 것 아닐까? 바로 이어지는 단락에서 소로는 또 이도 저도 아닌 변명이나 핑계처럼 들리는 이야기를 한다.

　나는 숲으로 들어갔을 때만큼이나 좋은 이유로 숲을 떠났다. 내게는 살아야 할 여러 개의 다른 삶이 있어서 숲에 사는 하나의 삶에 더 시간을 쓸 수가 없었다. 우리가 너무도 쉽게 별생각 없이 특정한 길로 들어서서 잘 다져진 길로 만드는 걸 보면 놀랄 지경이다. 그곳에 산 지 일주일도 안 돼서 내 집 문에서 호숫가까지 내 발자국이 길을 만들었고 내가 그 길을 걸은 지 5년 혹은 6년이 지났지만 그 길은 여전히 분명하게 남아 있다. 다른 사람들이 그 길로 다니면서 유지시켰던 것이다. 대지의 표면은 부드러워 인간의 발에 자국이 쉽게 난다. 이는 마음이 다니는 길도 마찬가지다.

소로는 숲에 들어가서 집을 짓고 자연을 벗 삼아 홀로 살겠다고 해놓고는 겨우 2년 조금 넘은 뒤 미련도 없이 걸어나왔다. 소로는 그에 대해 실패라고 평가하지도 않고 어떤 변명도 하지 않는다. 숲에 들어가는 것만큼이나 나오는 것에도 좋은 이유가 있었다고 말한다. 그는 길을 만드는 것만큼이나 거기서 벗어나는 것도 어렵다는 것을 잘 알고 있었다. 당연히 세상 사람들로부터도 비웃음당할 것이다. "겨우 2년? 실패했군." 이렇게 말이다. 하지만 그는 자신이 살아야 할 삶은 숲에서의 생활 하나만이 아니라고 했다. 그것이 자신이 만든 길이라고 해도 말이다. 사회에서 가장 신성한 법칙보다 더 높은 '나 자신의 존재의 법칙'이란 바로 이렇게 매 순간 새로운 길에 나서는 것을 두려워하지 않는 것이다.

비난과 비웃음 앞에서도 자신만이 살 수 있는 삶을 살아가는 것이 중요하지, 그런 평가들 앞에서 항변하고 반대하는 것은 어리석은 일이라고 소로는 말한다. 미라보의 노상강도질처럼 말이다. 노상강도질을 하려면 실제로 군인이 되어 목숨을 걸고 전쟁에 나가는 것보다 더 큰 용기가 필요할 수도 있다. 하지만 소로는 그런 용기가 어리석다 말한다. 어쩌면 우리에게 필요한 건 용기가 아니라 복종인지도 모른다.

나는 이 단락에서 내게 알맞은 위로를 받았다. 어떤 사람들은 우리 가족의 실험을 용기 있는 행동이라고 평가하기도 하는데 그때마다 나는 너무 창피해서 쥐구멍을 찾고 싶어진다. 아니라고 손사래를 치기도 어렵다. 얼만큼인지는 모르겠지만 어딘가 이상하게 사는 게 사실이니까. 혹은 왜 그렇게 사냐고 비난을 받기도 한다. 그런데 아무리 생각해 봐도 우리 부부나 애들이나 세상에 반항하기 위해 무언가를 했던 기억은 없다. 규칙이란 규칙은 다 지키지 않으면 겁이 나서 몸이 부들부들 떨리기 시작하는 게 집안 내력이라 최선을 다해서 사회가 정상이라고 여기는 것들에 맞추려고 했다. 그런데 소로에 따르면 이런 복종의 태도로 나만의 무엇을 찾아가다 보니 이렇게 된 모양이다. '나만의 존재 법칙'에 복종하기 위해 이 길, 저 길을 밟아본 결과다. 잘 모르니까 정답을 바라지 않고, 마음의 길을 조심조심 밟아온 것이다.

소로는 사회에 불만을 표시하고 반항하는 것을 목적으로 삼으면 자신의 길에서 벗어나게 될 거라고 말한다. 그렇지만 동시에 자신이 만든 길에서도 자유롭게 벗어날 수 있어야 한다고도 말한다. 그런 삶은 자기 존재의 더 높은 법칙에 복종함으로써 가능해진다고 말하는 것이다. 앞뒤가 안 맞는 것 같지만, 이렇게 생각해보면 어떨까. 회사에 다녀도 백수로 살아도, 도시에 살아도 시골에 살아도 어려움은 있다. 천국에 가도 문제를 발견할 수 있을 것 같다. 그때, 그 문제 자체에 반대하기보다는 바로 그곳에서 나만의 길을 만들어내는 것, 바로 그것이 울프가 말한 '비터니스'를 버리는 게 아닐까.

누구나
대답해야 한다

나와 남편은 많은 주제에 있어 의견이 다르지만, 그중에서도 교육이나 배움에 대한 생각은 정반대에 가깝다. 남편은 아이들이 최선을 다해서 무엇이든 배우고 발전하길 바란다. 그에 따른 결과를 기대하기도 한다. 나는 생각이 조금 다르다. 그래서 아이들의 교육에 대해서 이야기할 때 남편에게 다음과 같은 말을 자주 하게 된다.

"열심히 하면 힘들잖아. 그게 뭐가 좋아? 애가 잠도 못 자고 스트레스 받는 거 난 싫어. 내 애니까 애가 커서 돈을 얼마를 벌든 뭐가 되든 나한테는 어차피 예쁠 거야. 제 스스로 공부하겠다는 걸 뜯어말리지는 않을 거고 도움을 요청하면 도와주겠지만, 내가 나서서 애 열심히 공부시키는 거 나는 안 하고 싶어."

남편은 대답한다.

"다 그렇게 하는 거야. 힘들어도 열심히 공부하고, 그렇게 사회의 일원이 되는 거라고."

남편과 내 시각의 차이는 단지 부모와 자식 간의 거리와 독립에서 비롯된 것만은 아니다. 세상에 대한 생각의 차이에서 비롯된 것이다.

내가 좋아하는 배움은 그저 나다운 것을 발견하고 그 과정을 즐기는 것이다. 이런 정의는 반론의 여지가 많다는 것을 잘 안다. 그렇지만 나에게 배움은 새로운 지식이나 기술의 습득도 아니고, 세상을 발전시키고 세상 안에서 나의 쓸모를 발견하는 과정도 아니다.

나에게 이런 조언을 하는 사람들도 있다. 사회를 위해 경험과 배운 것을 써야 하지 않겠냐고. 대체로 '그래야겠죠' 하면서 얼버무리곤 하지만, 마음속으로는 남편에게 했던 말과 비슷한 답변을 하고 싶어진다. '저절로 기회가 생기면 그럴 수도 있지만 굳이 나 스스로 애를 써서 그럴 필요까지야⋯.'

남편과 비슷한 시각을 가진 사람들은 근본적으로 발전을 믿는다. 세상은 그리고 개인은 더 나은 방향으로 발전을 할 수 있고, 그래야 한다는 것이다. 반면 나는 변화는 발전이 아니라 복잡성일 뿐이라고 생각한다. 우리가 다 이해할 수 없는 무수한 변수들이 합쳐지고 서로 반응하면서 달라질 뿐이지, 딱히 더 좋아지는 게 아니라고 생각한다. 우리는 그 안에 있는 아주 작은 일부분이다.

물론 우리는 발전에 대한 기준을 갖고 있다. 시냇가에서 빨래를 하던 때보다 세탁기를 쓰는 지금이 더 발전했다고 느낀다. 하지만 나는 그게 절대적 진실이라고 믿지 않는다. 세탁기가 발명된 시대의 맥락 안에 존재하고 있는 나는 세탁기를 기뻐하며 사용하지만, 내가 선호한다는 사실이 곧 절대적인 선을 뜻하지는 않는다고 생각하는 것이다. 따라서 지금보다 더 나은 세탁기를 개발하는 것이 무조건 좋은 일이라고 생각하지는 않는다. 그래서 아이들이 공부를 열심히 하면 기특하긴 하지만 굳이 장려하지는 않고, 나 역시 기회가 되면 사회적 의미가 있거나 돈 버는 일을 하지만 그런 기회를 반드시 찾아야 나의 존재가치를 지킬 수 있다고 생각지도 않는다. 더 편리한 기술이나 물건들이 개발되어도 기존의 불편함 정도는 대수롭지 않게 감수하기도 한다.

재미있게 읽은 『스피노자는 왜 라이프니츠를 몰래 만났나』라는 책은 바로 이런 세계관의 차이에 주목한다. 역사학자 매튜 스튜어트는 스피노자와 라이프니츠의 차이가 근대의 시작부터 지금까지 이어진 두 세계관을 대표한다고 설명하면서, 현대인이라면 누구나 선택해야 하는 것이라고 이야기한다. 라이프니츠는 끊임없이 세상을 개선시키고 보다 설득력 있고 일관된 질서를 부여하려는 열정이 있었다. 그래서 그는 세상 안에서 자신의 뜻을 펼치기 위해 유럽을 돌아다니며 정치적 지위와 권력을 얻기 위해 노력했다. 반면 스피노자는 모든 것이 반드시 그러해야 하는 완벽한 자연의 표현일 뿐이라고 했다. 그는 세상에 많은 것을 기대하지도 요구하지도 않았다.

우리나라의 근대를 연 두 천재도 놀라울 정도로 거의 비슷하게 대응되는 두 가지 세계관의 차이를 보여준다. 바로 다산 정약용과 연암 박지원이다. 실학자로 유명한 다산은 관직에 진출해 나라를 발전시키고 국민들의 삶을 개선할 여러 가지 방법을 연구했다. 심지어 귀양지에서도 과학과 제도의 발전을 위해 온갖 주제의 저술 활동을 멈추지 않았다. 반면 연암은 관직을 멀리했고 글도 열심히 쓰지 않았다. 그가 쓴 글은 종종 지위가 낮은 평범한 사람들에게 들은 이야기나 그들의 삶을 다루곤 했다.

라이프니츠나 다산이 정치적 권력을 추구했던 이유가 개인의 명예나 호의호식을 원했기 때문만은 아니었을 것이다. 자식이 열심히 공부해서 뚜렷한 직업을 가지기를 바라는 부모들이 자식의 앞날만을 걱정하는 건 아닌 것처럼. 물론 그런 동기가 직접적일 수는 있지만, 그 근본에는 이 세상을 더 발전시켜야 하며 거기에 기여하는 쓸모 있는 인간이 되어야 한다는 가치 판단이 있다.

나 같은 사람에게도 출세나 발전에 대한 욕망이 있다. 그래서 그런 기회가 마련되면 굳이 피하지 않는다. 나는 스피노자나 연암 같은 특출한 천재는 아니라 세속적 즐거움을 더 좋아하고, 어떤 것을 좋아하는 마음을 굳이 참을 필요는 없으니까. 하지만 그와 동시에 발전하거나 사회적 영향력을 확보하기 위해 굳이 애쓰지도 않는다. 그건 귀찮기도 하고, 뭐든 절대적인 진리는 아니니까.

천재가 아니라도 현대를 사는 누구나 둘 중 하나를 선택해야 한다는 것은 맞는 말이다. 그 선택이 의식적이든 아니든 말이다. 진보를 믿을 것인가, 복잡성을 믿을 것인가. 이 선택은 누구도 대신해 줄 수 없다. 그게 바로 근대의 핵심적 특성이다. 나 대신 결정을 내려줄 신과 신에 버금가는 권력이 사라진 후, 모두가 이성을 가진 개인으로서 자기 삶의 모습을 결정하고 책임지며 살아가야 하니까.

자식을 사회에 이바지하는 인물로 키울 것인가, 혹은 아이의 본성대로 하루하루 즐겁게 사는 인간으로 키울 것인가. 이런 고민도 모든 부모들이 의식적이건 무의식적이건 대면하게 되는 질문이다. 사회에 이바지하는 인물의 삶은 하루하루 즐겁지 않다거나, 혹은 즐겁게 살면 사회적으로 무가치한 인간이 된다는 뜻이 아니다. 같은 세계관을 가졌다고 모든 사람들이 같은 결정을 내리고, 같은 모습으로 사는 것은 아니니까. 중요한 것은 개인마다 자신의 세계관을 선택해야만 한다는 것이다. 그것이 바로 현대사회에서 개인으로 산다는 것이다.

몇 년 전 초등학생인 자녀의 교육에 대해 상담하기 위해 어떤 아버지가 아내를 이끌고 찾아왔다. 나는 아빠가 이렇게 적극적으로 자녀 교육에 관심을 가지시니 참 좋다고 말했다. 그러자 그분이 이런 이야기를 꺼냈다.

"제가 몇 년 전에 건강에 크게 문제가 있어서 사경을 헤매다가 살아난 적이 있어요. 여기가 어딘지도 모르다가 정신이 들고보니 병원 응급실인 거예요. 그때 모든 게 바뀌었어요. 우리 아이를 어떻게 키워야 할지 확실히 알았지요."

그때까지만 해도 나는 이 이야기를 본격적인 상담 전에 오가는 가벼운 대화 정도로 생각하고 느긋하게 다음 이야기를 기다렸다. 삶의 소중함을 깨달았다는 이야기로 전개되기를 기다리면서. 그 방향은 맞았다. 하지만 곧 나는 정신이 퍼뜩 들어서 바짝 긴장하게 됐다. 이 아버지는 다음과 같이 말했으니까.

"우리 아이를 의대에 보내서 의사로 만들어야겠다고 결심했어요."

"아… 다른 사람의 생명을 구하는 의미 있는 일을 하는 사람으로 키우고 싶으신 거군요."

"아니요. 응급실을 거쳐 병원에 있다 보니 의사들의 권위가 정말 엄청나더군요. 의사들 사이에서도 그렇고 환자를 대할 때도 그렇고⋯ 자신의 능력으로 사람들에게 영향력을 행사하잖아요. 그렇게 당당하게 자신의 뜻이 관철되는 인생을 살게 하고 싶어요. 제 직업은 돈이야 충분히 벌지만 그런 권위를 매일 느끼지는 못하거든요."

이분은 아이의 의대 진학을 위한 선행 학습이며, 스펙을 쌓아줄 여행이나 봉사 계획 등 모든 면에서 진심이었다. 나는 이 아버지의 교육관이 틀렸다거나 아이가 압박감 때문에 잘못될 거라고 생각하지 않는다. 그는 정확하게 라이프니츠와 같은 세계관을 가지고 있는 것뿐이다. 이 거대한 세계 앞에서 자기 결정권을 가진 현대의 인간이 어떤 세계관과 인간관을 가지느냐는 옳고 그름의 문제가 아니라 그야말로 선택의 문제다. 이전에도 그랬지만, 이 아버지를 만난 후 나는 아이를 열심히 교육시켜서 좋은 학교, 좋은 직장에 보내려고 하는 부모님들을 더욱 진심으로 응원하게 됐다. 내 부모님도 최선을 다해서 나를 그렇게 키웠다. 어떻게 하면 부모님이 싫어할지 혹은 좋아할지 쉽게 알 수 있어 혼란스럽지 않았다.

하지만 30대를 지나면서 나는 서서히 다른 쪽으로 넘어갔다. 쓸모 있게 살아가야 한다는 가치를 의심하고, 적어도 내 삶 속에서는 도모하지 않게 된 것이다. 발전과 개선을 믿는 사람들에게 나와 같은 사람은 무책임하게 여겨질 수 있다. 마치 스피노자 시대의 사람들이 스피노자처럼 인격적인 신을 믿지 않으면 반드시 타락하게 될 거라고 두려워했던 것처럼.

'너처럼 소비를 하지 않으면 경제가 망가진다.'

'사회를 위해 배운 것을 써야 할 의무가 있다.'

'사람은 쓸모가 있는 일을 해야 한다.'

사회의 발전에 최선을 다하는 훌륭한 일원으로 나를 키우고 싶었던 부모님과 한집에서 지낼 때면 매일 꾸역꾸역 들어야 하는 말이다. 그 이야기들을 들으며 가만히 연암과 다산을 생각하고, 스피노자와 라이프니츠를 생각한다. 세상에 필요한 지식이며 실용적인 가치를 열정적으로 생산하며 살아가는 이들은 분명히 나보다 훌륭하다. 다만 딱 하나, 나와 같은 사람이 우위에 있는 부분도 있다는 생각을 해본다. 내가 틀렸을 수 있다는 생각을 할 수 있다는 것, 틀려도 된다는 것, 그래서 나의 진지하지 못한 삶의 태도를 불편해하는 사람들에게 맞대응해서 나를 변호하지 않아도 괜찮다는 것을 안다는 말이다.

더 정확하게 말하면, 나다운 개인으로 살고자 하는 사람이라면 좀 더 신중해져야 한다. 스피노자와 연암이 사회적 성공의 기회가 와도 최대한 멀리 잽싸게 달아나곤 했던 것을 다시 생각해 본다. 그것은 박해를 받아서 어쩔 수 없이 은둔을 한 것이 아니라 자기 자신이 되기 위해, 자신이 위치한 곳에서 생생하

게 펼쳐지는 삶과 자연을 있는 그대로 이해하기 위해 택한 신중함

이었던 게 아닐까.

비 난을
사랑하는 법

숲속에서 직업 없이 두 아이를 키우며 되는대로 살아간 지 8년, 이따금 내 삶이나 생각을 향한 비난을 받곤 한다. 요즘처럼 그런 공격이 집중될 때면 기분이 좋진 않지만 동시에 마음속으로 이렇게 외친다. 글감이다!

소로는 어쩌면 이런 비난에 대해 누구보다 잘 아는 사람 중 하나일 것이다. 『월든』과 소로는 당시에도 그리고 지금까지도 찬사만큼 엄청난 비난을 받는다. 오랜 전통의 잡지 《뉴요커》와 《디애틀랜틱》은 2015년 각각 소로를 비난하고 옹호하는 글을 차례로 실었다. 《뉴요커》는 〈연못의 쓰레기Pond Scum〉라는 기사로 제목에서부터 소로를 비난했고, 이에 대해 《디애틀랜틱》은 〈소로를 옹호함In Defense of Thoreau〉이라는 반박 칼럼을 실었다.

비난의 요지는 소로의 글이 기만적이라는 것이다. 월든 호수는 누군가 사회로부터 은둔할 수 있는 깊은 자연이 아니었다. 마을은 물론 어머니의 집도 충분히 걸어갈 만한 거리에 있었고 소로는 종종 어머니를 찾아가 빨래도 맡기고 밥도 얻어먹었으며, 친구를 초대하거나 초대받는 일도 잦았다. 게다가 깨달음을 얻은 지식인 행세를 하면서 다른 사람들은 제대로 된 삶을 살지 않는다고 깔보았다. 『월든』도 이런 모순을 숨기지 않는다. 사람을 만나지 않는 고독이 좋다고 했다가 방문객들과의 우정을 이야기하거나. 자연을 찬미하다가도 갑자기 정복해야 한다고 주장한다.

소로를 옹호하는 기사도 이런 이야기를 반박하지 않는다. 사실이니까. 자연과의 조화와 내적 깨달음을 강조하는 초월주의의 대가 랠프 월도 에머슨도 소로와 12년이나 가깝게 교류했지만 그 관계는 평탄하지 않았다. 그보다 15살이나 많은 에머슨은 소로에게 경제적 혜택을 주고 일자리를 마련해 주기도 했다. 철학 사상도 비슷한 데가 많았다. 그러나 소로는 에머슨과도 서슴없이 부딪치고 멀어지곤 했다. 다른 사람들과도 마찬가지였다.

하지만 소로는 아메리카 원주민들과 편견 없이 오랜 대화를 나누는 사람이었다. 원주민들은 미개하다고 여기는 것이 당연했던 당대의 미국 사회에서 상당히 이례적인 태도였다. 에머슨를 비롯한 소로 주변의 사람들에게 그의 이런 모순은 껄끄럽고도 기이한 것이었다. 그는 매너가 좋은 사람도, 본받을 만한 사람도 아니었다. 자신의 이중성과 모순에 솔직함으로써 우리에게 껄끄러운 진실을 보여주는 사람에 가깝다. 소로는 자신은 자기로부터 거리를 두고 스스로를 평가하고 있으며 본인에게 미칠 영향력 또한 스스로 결정한다고 했다. 그리고 말미에는 이런 태도를 가지면 좋은 이웃과 친구가 되기는 글렀다고 덧붙였다.

그가 이렇게 남들을 비난하고 깔보는 만큼 우리는 그를 비난할 수 있다. 하지만 그 비난을 하면서 우리는 나 자신을 돌아보게 된다. 소로의 말이 불쾌한 것은 외면하고 싶은 진실을 들켰기 때문이 아닐까 하는 생각을 하게 된다. 내가 가진 이중성은 무엇일까, 생각할 수밖에 없다. 나는 소로와 그런 대화를 나눌 수 있어서 좋다. 앞글에서 니어링 부부의『조화로운 삶』에 대해서는 감히 한 마디도 더할 수 없다고 했다. 이들 부부는 빈틈없이 완벽한 철학을 갖고 있을 뿐만 아니라 삶 또한 그들의 믿음과 온전하게 일관되어 있었다. 반면 소로는 한마디로 말하자면 만만하다. 어느 까칠한 중년 남성이 자기도 실천하지 못하고 이랬다저랬다 하는 것들을 놓고서 나를 혼내는 것 같은데, 그 말이 또 너무나 설득력이 있는 것이다. 나는 그런 이중성에서 소로를 따라 하지 않고 나 자신인 채로 실천할 수 있는 삶의 지혜를 배우게 된다. 소로는 자신의 부족함을 알면서도 그가 순간순간 몰입하고 믿는 것들에 대해 눈치를 보지 않고 거침없이 목소리를 냈다. 그 결과 사회적 성공이나 부유함을 일굴 기회도 계속해서 놓쳤지만 소로는 그래도 상관없었다. 결국엔 '나의 삶'이니까.

소로는 『월든』의 첫 번째 장인 「경제학Economy」에서 무조건 더 많은 돈을 벌겠다고 아등바등 애쓰다가 정작 자신의 삶은 제대로 살지 않고 흘려보내는 사람들을 맹렬하게 비난한다. 돈을 벌지 않고 남들이 보기에 가난해도 진정으로 풍요로운 삶을 살 수 있다고 주장한다. 그런데 이 장의 마지막에 토머스 커루가 지은 시를 하나 덧붙인다.

제목이 「가난의 가식The Pretensions of Poverty」이다. 가난한 주제에 게으르게 굴면서, 고상한 가치를 기른다는 핑계를 대고 대단한 일을 하는 척하는 자들에게 호통치는 내용이다. 이 시는 가난한 자들의 지루함과 수동성, 비굴함을 비난하고, 활발하고 왕성하게 살아가는 것과 영웅적 행동이 지닌 미덕을 칭송한다. 이 시가 소로가 주장하는 논지를 정면으로 반대하고 있기에 연구자들은 소로가 독자들에게 반대 의견을 고려해 보도록 하기 위한 의도로 넣은 것이라 해석한다. 소로의 의도야 알 수 없지만 그가 자신의 모순을 분명하게 꿰뚫어 보고 있었음은 분명하다. 소로는 그것에 대해 변명하는 대신 그저 삶으로 보여줬다.

세상과 타협하지 않고 싸우는 사람들은 많다. 대부분이 세상이 강요하는 A를 거부하려고 싸운다. 하지만 소로의 싸움이 특이한 것은, 세상이 소로에게 '너의 정체를 보이라'고 요구한다는 것이다. 그에 소로는 마치 이렇게 답하는 것 같다. '나는 A가 아니다. 그렇다고 A가 아닌 것도 아니다. 나는 그냥 나다.'

내가 남들의 비난에 조금이나마 덜 상처를 받게 된 배경이 있다. 남의 비난을 무시하거나 반박하지 않고, 그냥 '나'이면 된다는 것을 나는 오랜 시간에 걸쳐 깨달았다.

어려서부터 엄마에게 받은 비난 중 가장 끈질긴 것이 외모에 대한 것이었다. 평생 예쁘다는 찬사를 들었던 엄마는 당신을 닮지 않은 나를 보고 '못생겼다'라고 끊임없이 지적했다. 학생 때는 그런가보다 하고 살았지만 대학교에 들어간 후 나는 20대 내내 화장, 옷과 신발, 장신구, 다이어트에 몰두했다. 그런데 갖은 방식으로 꾸며보아도 자꾸만 같은 결론에 이르렀다. '난 정말 못생겼구나.' 슬프다기보다는 어쩐지 웃겼다. 하지만 이것보다 더 멋진 깨달음이 있었다. 누가 봐도 예쁜 친구들을 열심히 관찰하고 이야기를 들었는데 놀랍게도 그들이 들려준 '예쁜 여자'로 사는 일상이 별로 좋을 게 없었다. 더 솔직히 말하자면 '예쁜 여자'나 '못생긴 여자'나 구체적인 예는 달라도 이런저런 불편함의 강도는 똑같았다. 그때 무언가가 떠올랐다. 엄마가 나의 외모를 비난할 때 덧붙인 말이었다. "너는 성격이 그 모양인데 얼굴까지 못생겼으니 큰일이다." 엄마가 싫어했던 건 내 얼굴이 아니라, 얼굴 생김에 신경 쓰지 않는 태연함이었다.

내가 되어야 하는 것은 '예쁜 여자'가 아니라 '예쁘지도 않고 못생기지도 않은 태연한 여자'라는 걸 깨달은 것이다. 이 목표는 순조롭게 이뤘다. 그 후 30대까지 사람들은 내게 이런 말을 했다. "너는 여자이기를 포기했냐?" 그건 엄청난 자유였다. 내 마음대로, 내가 원하는 시간과 방법으로 태연하게 여자가 되는 자유.

이 깨달음이 더 깊이 각인된 계기가 있었다. 30대 초반에 역시 엄마에 대한 고민 때문에 한 정신과의사에게 상담을 받은 적이 있었다. 상담 내내 엄마가 어떻게 했고 그래서 내가 얼마나 엉망이 되었는지를 쉴 새 없이 떠들어댔다. 내 이야기를 듣기만 하던 의사 선생님은 마지막에서 이르러 한마디를 남겼다.

"A의 반대가 not A예요? A의 반대는 B도 되고 C도 되고, Z까지 되는 거 아니에요? 아니면 A'일 수도 있는 거잖아요."

그 한마디가 던진 충격에 나는 고장난 듯 멈춰버렸다. 일주일 내내 오로지 이 질문만 생각했다. '엄마가 A면 나는 뭐지? 왜 A가 되지 않으려고 노력을 하는 거지?' 나는 엄마를 원망하면서도 엄마에게 매달리고 있었다. 어린 시절로 돌아가, 그때의 상처에서 회복하는 것 혹은 엄마처럼 되지 않는 것만 생각하며 살고 있었다. 하지만 엄마에게서 벗어나겠다는 목표로 사

는 한 방식만 다를 뿐 나는 엄마에게 매이는 것이지 자유로워
진 것이 아니었다. 그리고 일주일 후에 한 번 더 상담을 하고
나자 의사는 상담을 안 해도 되겠다며 그만하자고 했다. '굳건
히 내 멋대로 살아야겠다'고 결심했으니 치료가 된 걸 수도 있
고, 치료가 불가한 상태가 된 걸 수도 있다. 아마 둘 다였을 것
이다.

지난달에는 최근에 알게 된 지인의 집을 방문했다. 사실 그
분이 나를 집으로 초대했을 때 조금 의외라고 생각했다. 내가
물건을 버리고 없애고, 목적 없이 대강 사는 것에 대해서 좋지
않게 보거나 부담스러워 하는 게 분명했다. 내가 뭐라고 묻지
않았는데도 그는 자꾸 그런 말을 했다. "저는 혜윤 씨처럼 못
살아요. 우리는 너무 달라요."

그런데 그 집의 넓은 서재에 들어가 보고 깜짝 놀랐다. 한국
에서부터 배로 그 많은 책을 실어 왔던 것이다. 조그만 도서관
이라 할 수 있을 만큼 책이 많았다. 눈을 돌린 곳곳에 내가 예
전에 버린 책들이 있었다. 아무렇지도 않게 버린 책들은 아니
었다. 한 권 한 권 볼 때마다 한국에 살 때 잘 어울리는 친구에
게 주었던 추억이나 그 책들을 버리며 느꼈던 슬픔과 괴로움이
선명하게 떠올랐다. 나는 내가 책을 읽고 버린 특정한 기억들
을 이야기했고, 그분은 그 책을 사고 옮긴 고생들을 끝없이 이
야기했다. '그렇게 슬퍼할 정도면 책을 왜 버리냐?'라는 질문

도, '그렇게 고생해서 책을 왜 이고 지고 다니냐?'는 질문도 필요 없었다. 그분이 헤어질 때 말했다. "어쩌면 우리는 비슷한 사람인지도 몰라요." 나는 고개를 끄덕였다. 많은 걸 갖고 또 버리며 이 길을 지나왔다. 다시 모든 것을 쥐고 싶어질 날이 올지도 모른다. 그와 나는 그렇게 다르지 않다. 그도 나도 지금의 진심을 다해 살고 있는 것이다.

나의 삶이나 글에 대한 비난 대부분은 돈에 대한 이야기다. 그런데 이 비난들을 가만히 보고 있으면 꽤 재미있다. '궁상맞게 가난하게 산다'라는 야유와 '경제력이 받쳐주니까 저러는 거다'라는 비아냥을 동시에 듣는다. 정반대의 전제가 공존하는 것이다. 그래서 더 흥미로웠다. 세상의 수상한 피드백에 노출되었을 때면 나는 비슷한 단계를 밟는다. 맨 처음 든 본능적인 불쾌감이 가라앉기를 기다리고 나서, 첫 단계는 모든 비난을 진실로 받아들이는 것이다. A'가 될 자유가 내게 있다는 것을 확인한다. 이때 나는 다른 사람과 멀리 떨어져 있는 것만큼이나 나에게서 멀리 떨어진다. 소로가 말했듯 내가 아닌 나의 일부가 되는 것이다. 그러고 나면 돈에 대해 깊게 생각한다. 돈이라는 풍요에 대해서. 그리고 돈이 나를 포함하여 이 시대를 살아가고 있는 모든 인간들에게 얼마나 큰 불안과 안정을 동시에 주는지에 대하여.

삶의
아마추어

어떤 이야기는 들었을 때엔 가볍게 흘려듣고 말 참이었는데, 몇 해를 지나도 마음에 남아 스스로 자라나기도 한다. 이 이야기가 그랬다.

동네에 사는 내 또래 친구가 아이들 둘이 초등학생이었을 때 셋이서 열흘 정도 크루즈 여행을 한 이야기를 들려줬다. 이 친구의 크루즈 여행은 10여 년 전이고, 이 이야기를 내게 들려준 건 아마 5년 전쯤이었을 것이다. 당시 친구는 이런저런 사정이 겹쳐서 가장 싼 선실을 예약했는데, 선실 문을 연 순간 숨이 턱 막혔다. 3층 침대 중에 꼭대기층은 성인은 앉을 수도 없을 정도로 층고가 낮았다. 아래층 침대도 앉으면 정수리가 윗 침대에 아슬아슬 닿을 정도였다. 방 역시 신경을 써서 걷지 않으면 여기저기 부딪힐 만큼 좁았다. 침대에 누우면 관에 들어간 기분이 이럴까 싶은 마음이 저절로 들었고, 없었던 폐소공포증도 생길 것 같았다. 그래서 친구는 처음 며칠 동안은 졸려서 쓰러질 지경이 될 때까지 선실 바깥에서 시간을 보냈다. 문제는 행선지가 알래스카라는 점이었다. 한여름도 아니라 너무 추워서 밖에 있기가 힘들었다. 선내 엔터테인먼트도 며칠 즐기고 나니 시들해졌고, 춥다는 핑계로 선실 침대에 누워서 뒹구는 시간이 점점 늘어났다. 결국엔 선실에 있는 손바닥만 한 텔레비전으로 영화를 보거나, 침대에 누워서 선실에 있는 접시 크기 정도의 창문으로 바다와 눈 쌓인 섬을 보았다. 날씨가 안 좋은 날에는 볼 것도 없는데도 가만히 창밖을 보았다. 더 놀라운 건 아이들의 변화였다. 매일 심심하다면서 놀 거리를 요구하거나 게임을 하던 아이들이 게임기도 내팽개치고 조용해졌다. 아이들과 함께 있으면서 무얼 하게 해줄까 고민하지 않고서도 평화로운 시간을 보냈다. 결과적으로 평생 가장 기억에 남는 여행이 됐다. 힘들어서가 아니었다. 나중에는 좁은 공간에 익숙해져서 특별히 답답하지도 않았다. 편안하고 느긋할 뿐이었다. 그래서 내가 물었다.

"그러면 다음에도 비슷한 여행을 계획할 거야?"

"아니."

"왜?"

"그건 생각해 본 적이 없는데… 모르니까 한 거지, 미리 알았으면 어떻게 그렇게 하겠어. 시간 들여서 가는 거니까 하나라도 더 보고, 구경도 더 하려고 하게 되지. 내가 말해줬으니까 너도 그렇게 가지 마."

"정말로 좋았던 게 아니야?"

"좋았어, 정말이야. 더 고급스럽고 편안한 여행은 사진을 봐도 기억이 가물가물한데 이 여행만큼은 분명하게 기억나. 사진 찍은 것도 거의 없는데 말이지. 사진 찍기도 귀찮더라고. 아무리 그렇다 해도… 음… 너무 좋아서 문젠가?"

우리는 그렇게 깔깔 웃으면서 '분명히 어떤 경험보다 강렬하고 최고로 좋았는데, 두 번은 절대 하고 싶지 않고, 남들에게는 한 번이라도 권하고 싶지 않은 경험들'에 대해 농담처럼 이야기했다. 가령 애를 낳아서 유치원 갈 때까지 씻기고 재우고 먹이는 일, 창피하고 불안한 첫 연애나 신혼 생활….

이 이야기는 처음 나눈 당시에는 시시껄렁한 수다로만 여겨졌다. 그때의 나는 미니멀리즘이나 간소하게 살아가는 것에 대한 교훈을 심각하게 새기고 있었다. 당시에는 내가 나로 살아가는 데에 필수적인 것들, 즉 공간이나 가구, 옷 같은 소유물은 물론이고 사람과의 접촉, 신경 써서 가꿔야 할 관계나 생산 활동으로서의 나의 일을 어디까지 줄일 수 있는지 알고 싶은 욕구에 불타고 있을 때였다. 욕망을 줄이고 간소함을 찾는 거라고 생각했지만, 사실은 엄청나게 집중된 욕망을 실천하는 중이었던 것이다.

10여 년 동안 버리고 버리고 또 버렸다. 그러던 중에 깜짝 놀랐던 것이 두 가지 있었다. 첫 번째로 놀라웠던 건 버려도 사는데 생각만큼 큰 지장은 없다는 사실이었다. 버릴까 말까 고민하는 건 무조건 버려야 한다는 것을 배웠다. 고민을 한다는 것 자체가 버려도 별로 불편함이 없을 거라는 신호였다. 말하자면 수도자가 아닌 일반인으로서는 가볍게 살기를 꽤나 잘하게 된 것이다. 첫 번째만큼 명확하진 않지만, 두 번째 놀라움도 꽤 오래 지속되었다. 누가 보기에도 간소한 삶을 이루었어도 버리고 줄일 것이 완전히 없어지는 날은 결코 오지 않는다는 것이다. 그럼 그렇게 극성맞게 버리기를 실천해 온 것은 도대체 무슨 의미가 있을까 하는 의문이 들기 시작했다.

인간의 심연을 탐구한 칼 융도 말년에 물도 전기도 없는 호숫가 외딴 집에 살면서 소박한 삶을 실천하면서 이렇게 말했다. "소박하게 사는 것이 왜 이리 어려운가." 도대체 왜일까. 간소하게 사는 게 이리 좋은데, 그걸 너무나 잘 아는데, 그 안으로 뚜벅뚜벅 걸어가는 건 왜 이리 어려울까.

여기서 '어렵다'는 말은 처음 무언가를 시작할 때 실천하기가 어렵다는 뜻이 아니라는 것을 어렴풋이 알 것 같다. 원하는 것을, 혹은 해야 하며 당위적으로 옳은 것을 실천하고 성공한

후에도 여전히 계속하기는 어려운 그런 느낌이라고 할까. 좁은 공간에서 초등학생 아이 둘을 데리고 여행한 후 그 독특한 즐거움을 느꼈음에도 다시 하고 싶지는 않다는 그런 종류의 마음이다. 겪어보니 허무하다는 기분과도 다르다. 당시에 강력하게 원했거나 열심이었거나 좋았던 것은 분명하니까.

그래서 나는 이제 더 이상 광적으로 물건을 버리거나 사람과의 관계를 끊지 않는다. 그렇다고 그 이전으로 돌아가는 것도 아니다. 결국 정리 전문가도 되지 못하고, 미니멀리즘이나 자연주의 철학자도 되지 못할 것이다. 당연히 아름다운 공간과 감각적인 취향을 큐레이션하는 감각을 기르지도 못할 것이다. 하지만 그토록 몰두해서 때로는 고통스러울 때까지 간소하게 사는 것을 실험했던 이유는 알 것 같다. 간소하지도, 그렇다고 소유를 축적하지도 않으면서 양극단의 무엇도 되지 않고 그냥 살기 위해서인 것이다. 그냥 사는 것도 그 나름의 어려움이 있다. 내 친구도 아무것도 하지 않고 심지어 공간조차 모자란 가운데 생기는 여유라는 극단을 맛보았으니, 이제 다양한 볼거리와 활동으로 가득한 여행을 하더라도 여행을 여행 자체로 받아들일 수 있게 됐을 것이다. 그래서 이런 이야기를 내게 들려준 것 아닐까.

내가 여러 번 거듭 본 다큐멘터리 〈피아니스트 세이모어의 뉴

욕 소네트〉에는 그냥 사는 것, 그냥 여행을 하는 것이 어떤 것인지에 대한 은유를 읽을 수 있다. 이 다큐멘터리의 소재는 '그냥 피아노를 치는 것'이다. 세이모어 번스틴Seymour Bernstein은 어린 시절부터 천재 피아니스트로 알려져 세계 곳곳의 무대를 누볐다. 그런데 불과 30대 초반의 나이에 그는 갑자기 부와 명성을 향한 콘서트 피아니스트의 길을 완전히 포기하고, 음악 자체의 기쁨과 아름다움에만 집중하기 위해 피아노 선생님 길을 택한다. 세기의 괴짜나 괴물이라 불리며 기행으로도 유명한 천재 피아니스트 글렌 굴드에 대해 세이모어는 이렇게 말한다.

"그렇게 이상한 의자에, 그렇게 이상하게 다리를 꼬아 올리고 앉아서 기괴한 모습을 해야만 아름다운 연주를 할 수 있는가 보다 생각했어요. 하지만 아는 사람에게 나중에 들어보니 글렌 굴드는 사람들에게 그런 충격을 주기 위해 일부러 그랬다고 했대요. (…) 다른 사람의 인정을 받기 위해서는 자기 자신을 온전히 지킬 수가 없어요."

그러자 이 다큐를 감독하고 제작한 인터뷰어 에단 호크가 반론한다.

"예술의 완성도를 더 높이고 사람들에게 이해시키는 것도 음악가의 책임이 아닌가요?"

"그렇다면 나는 아마추어로 남겠어요. 음악 자체에 대한 사랑으로 음악을 연주하는 것 말이에요."

세이모어 할아버지가 학생들에게 레슨을 하는 모습은 영상으로 보아야 한다. 누군가를 가르친다기보다는 음악에 대한 사랑을 온전히 전하는 그 감동적인 장면. 누가 학생인지 선생인지, 얼마나 명성이 높은지, 어느 정도로 천재적 연주를 하는지는 지극히 부수적인 것이다. 조금도 중요하지 않다.

이 다큐멘터리의 도입이 재미있다. 스무 살 무렵부터 할리우드의 톱스타로 살아왔던 에단 호크가 극심한 무대공포증을 겪으며 세이모어에게 조언을 구하는 형식이다. 두 사람의 이야기를 듣다 보면 인생에서 슬럼프란 있을 수 없다는 생각을 하게 된다. 활기차게 생산적으로 살아가는 것만이 삶이 아니니까. 무대공포증도 명성도, 아무것도 하지 않는 실패나 절망도, 어차피 한 번인 삶의 일부다.

그래서 이 세상에는 바흐를 재창조하는 천재 글렌 굴드도 있고, 세이모어도 있고, 동네 피아노 학원 선생님도 있고, 「엘리제를 위하여」를 치는 아이도 중년 여성도 있다. 그래서 좋은 것이다.

사는 것에는 능숙해질 수 없다. 나는 아마추어로 살아간다.

한때는 버리기에 열을 올리고, 또 한때는 아름다운 물건을 그러모으면서. 그 무엇을 해도 너무나 즐겁지만, 두 번은 하고 싶지 않을 만큼 충실하면서도 가볍게 한다. 완성이 아니라 지나가는 일이기에. 단 한 번이기 때문에, 사랑하고 기억한다.

3장 | 지겨운 인간들의
이기적인 사랑

인간이
지겨워

　고등학생인 큰애는 일주일에 이틀이나 사흘을 수공예 재료를 파는 가게에서 계산원으로 10시간 정도 일했다. 아이는 그곳에서 무례하고 제멋대로 구는 손님을 만나기도 했다. 계산원이 하는 일은 모두 전산 처리되기 때문에 쿠폰 할인이나 영수증 발행 등 정해진 기준대로 하는 수밖에 없다. 그러거나 말거나 어떤 고객들은 자기 뜻대로 해달라고 계산원을 괴롭힌다. 특히 자신이 실수했을 때 더 심하다. 얼마 전 아이가 일을 마치고 돌아와서 지금까지 겪은 중에 가장 모질게 당했다며 하소연을 했다. 몸이 부들부들 떨리고, 눈물이 울컥 쏟아질 것 같았는데 겨우 참았다고 했다. 아이의 감정도 최고조로 격해져 있었다. 그 고객을 같이 욕하지도 않고, 열심히 듣기만 했다. 몇 시간이 지나 하루를 마치고 잠들기 직전 수다 떠는 시간에 말을 꺼냈다.

"그런 고객은 또 나타날 게 확실해. 가게에서 전화받을 때나 계산할 때 미리 정해진 인사말을 반복하잖아. 그것처럼 그런 고객이 나타났을 때 할 이야기를 미리 정해놓고 연습하는 게 좋겠어. 그러지 않으면 그 순간에는 아무 생각도 안 나잖아. 이렇게 얘기하면 어떨까? 아주 차갑지만 정중한 톤으로, 천천히 조용히 말하는 거야. '저는 여기서 고객님과 같은 편입니다. 우리가 같이 컴퓨터를 상대하고 있는 거예요. 저는 고객님이 저를 도와줬으면 좋겠어요.' 그러고 나서 계산기를 조작하는 척 해. 심각하게. 고객을 보지 말고. 그때 너는 이렇게 생각하는 거야. 저 사람이 나를 때리지 않는 이상 이건 아무 일도 아니다. 사실이 그렇잖아. 네가 잘못한 게 아니라면 성질을 내건, 피해를 입건 그건 그 고객의 일이니까. 그러다가 정말 때리는 사람이 나타나면 최대한 빨리 도망을 가고 경찰에 신고를 해야지."

"하하하. 좋아. 그 말 외워야겠다. 때리기는 힘들어. 코로나 때문에 완전히 차단된 투명 칸막이가 높이 설치되어 있거든. 그걸 부수지 않는 이상 무리야."

"아, 그럼 더 잘됐네. 그런 사람들은 약한 사람을 괴롭혀서 자기 스트레스를 해소하는 사람들이니까 그 사람을 바꿀 수는 없어. 그들은 적어도 그런 순간에는 사람이 아닌 거야. 나는 잘

못한 게 없는데, 저 사람이 나쁘다, 억울하다는 생각조차 할 필요가 없어. 맞서서 싸울 가치도 없고. 그저 갑자기 내리치는 날벼락이나 소나기처럼 성가신 자연재해 같은 거라고 생각해야 해. 네가 그렇게 생각하기로 정하면 되는 거야. 그렇게 정하고 나면, 최대한 피해를 입지 않고 지나가는 법을 궁리하는 거지. 어쨌든 네 마음과 네 생각만큼은 네가 지키는 거야."

선을 넘고 함부로 대하는 것, 소위 갑질. 이런 일의 대상이 되었을 때 많은 사람들이 반사적으로 내가 약해서, 부족해서 당하는 것이라고 짐작하는 것 같다. 하지만 아이가 최저시급을 받는 단순 노동을 하기 때문에 갑질을 당하는 건 아니다. 뉴스를 보면 그런 일은 검사, 의사, 교수 같은 전문직들의 사회에서도 벌어지고 심지어 가족이나 친구 사이에도 벌어진다. 따지고 보면 친척 어른들이 "왜 결혼 안 하냐?", "직장은 어떻게 됐냐?"라고 다그쳐 묻는 것도 때로는 선을 넘는 무례다. 어떨 때에는 아이들도 부모를 제멋대로 휘두르려 한다. 혼자서는 생존할 수 없는 인간으로서 다른 인간과 함께 살아가는 일 자체가 그런 것이다. 그러니 살면서 '인간이 지긋지긋하다, 아무도 없는 산으로 도망가 버리고 싶다' 하고 울컥하는 심정을 자주 느낄 수밖에 없다.

『월든』에는 「고독Solitude」이라는 장이 있다. 거칠게 요약하자면 다른 인간과의 접촉을 줄이고 자연에서 외로움을 달랜다는 내용이다. 하지만 이 장이 실제로 전하고 있는 것은 자연 예찬이라기보다는 다른 인간과 함께하는 것의 괴로움과 지겨움에 가깝다. 소로가 인간과 부대끼며 살아야 하는 것을 어떻게 받아들이고 해결책을 찾았는지는 이렇게 표현되어 있다.

생각을 함으로써 우리는 온전한 정신으로도 자기 자신으로부터 물러날 수 있다. 의식적인 마음의 노력을 통해, 우리는 우리의 행동과 그 결과에 대해 초연할 수 있다. 좋은 일이든 나쁜 일이든 급류처럼 우리를 지나쳐 흘러간다. 우리는 '자연'에 완전히 관여하지 않는다. 나는 시냇물에 떠내려가는 나무토막일 수도 있고 그 나무토막을 하늘에서 내려다보는, 공기 중의 신들을 관장하는 인도의 신 인드라일 수도 있다. 나는 연극을 보고 영향을 받을 수 있지만 나와 훨씬 관련이 깊은, 실제 벌어지는 일에는 영향을 받지 않을 수도 있다. 나는 나 자신을 하나의 인간 존재로 이해한다. 말하자면 생각과 감정이 벌어지는 현장일 뿐이다. 나는 다른 사람과 멀리 떨어져 있는 것만큼 나 자신과도 거리를 둘 수 있다. 이런 이중성doubleness을 나는 의식한다. 내 경험이 아무리 강렬할지라도, 나의 또 다른 부분이 존재하고 이런 경험을 비판적으로 받아들인다는 걸 의식한다. 이 부분은 나의 다른 부분과는 다르다. 나의 경험에 참여하지는 않고 주의만 기울이는 구경꾼이다. 이런 나는 네가 아니듯 나 역시 아니다. 비극이라고도 할 수 있는 인생이라는 연극이 끝나면 구경꾼은 제 갈 길을 간다. 구경꾼에게 있어서 인생이란 연극은 허구이며 상상력의 산물일 뿐이다. 이런 이중성 때문에 우리는 이웃이나 친구로서는 그다지 훌륭하지 못한 사람이 되기 쉽다.

자기 삶의 밑바닥까지 깊게 들여다보라고 했던 소로가 여기서는 다른 태도를 취한다. 자연에 몰입하는 일을 그토록 예찬했던 것을 떠올리면 '자연'에 관여하지 않는다는 문장도 다르게 와닿는다. 타인과의 괴로운 관계에 대처하기 위해 내가 할 수 있는 일은 '나로부터 멀어지는 것'이다. 그렇게 내 안의 구경꾼인 또 다른 나를 길러야 한다. 묘사가 너무도 아름다워서, 읽는 것만으로도 마음이 편안해진다. 나는 온전히 '나'일 필요가 없으니까. 나쁜 일은 말할 것도 없고, 심지어 좋은 일조차도 순수하게 즐겁지만은 않다. 덜컥 불안해진다. '이렇게 좋은 일은 우연이 아닐까?', '이것 때문에 나쁜 일이 벌어질 수 있지 않을까?' 하고 말이다. 나쁜 일도 좋은 일도 눈앞에 벌어지는 연극처럼 바라보는 것. 실제로는 무척 힘든 일이겠지만, 그런 가능성을 그려보는 것만으로도 마음이 차분해진다.

하지만 내가 이 단락을 정말 좋아하는 이유는 마지막 문장 때문이다. 소로는 이 대목을 그처럼 초연한 자세를 취하면 좋은 이웃이나 친구가 될 수 없다는 지적으로 끝맺는다. 의외의 반전 아닌가? 나는 이 문장을 소로 특유의 유머이자 풍자라고 이해했다.

잘못한 것도 없는 열여덟 살 계산원에게 소리를 지르는 고객의 입장에서 잠시 생각해 보자. 그가 바라는 바는 계산원이 쩔쩔 매며 울면서 자신의 위력에 굴복하거나 혹은 맞서서 대꾸해 더 큰 싸움을 벌이는 것 아니었을까? 이렇게 생각하는 건 인간에 대한 지나친 냉소일지도 모른다. 하지만 자신을 멀리 거리를 두고 보면서 초연한 인간이 그다지 훌륭하지 못한 친구라고 하는 건 이렇게밖에 이해할 수 없다. 여기서도 소로의 괴팍함이 두드러진다.

그런데 여기엔 또 다른 유머가 있다. 사실 나 자신도 언제든지 무례한 인간이 될 수 있다. 가게에서 예의를 잃지 않을지는 몰라도 유난히 언짢은 날 만만한 가족에게 트집을 잡고 소리를 지른다거나 할 때 말이다. 그럴 때에는 왠지 똑같이 성질을 내면서 싸워주는 가족이나 친구가 왠지 더 편할 것 같기도 하다. 내가 한심하게 굴 때 차분하게 넌 인간도 아니라며 거리를 두는 친구는 이성적인 사람일지는 몰라도 마음을 주기는 무섭다.

슬프기도 하고 웃기기도 하지만, 인간은 누구나 이렇게 남들을 괴롭히고 괴로움을 당하면서, 그렇게 엮여 살아간다. 그럼에도 불구하고 이 마지막 문장 전에 등장한 아름다운 태도를 조금이나마 상상하면서, 나로부터 멀어져 이 모든 것을 구경해 본다. 그리고 그리 초연하지만은 못할 때는 떠올린다. 휩쓸리고 우스워지는 것 또한 어쩌면 훌륭한 이웃과 친구의 길일 수도 있다는 것을.

그대로
받아준다

　지난 주말에 큰아이의 친구 가족과 함께 집에서 저녁을 먹고 영화를 보기로 했다. 만나기 전에 나는 아이와 대학 합격 소식을 어떻게 친구들과 나눌 것인지에 대해 이야기하고 있었다. 확실하게 믿었던 대학에서 떨어지는 아이, 아슬아슬하다고 생각했는데 의외로 합격한 아이, 대학 순위를 중요하게 생각하는 아이, 순위보다는 전공이나 비용을 중시하는 아이 등 상황과 생각이 천차만별이었다. 친구 관계가 얼마나 가깝거나 먼지도 고려해야 했다. 이런 차이들에 따라 어떻게 이야기를 들어주고 자기 이야기를 할지 다각도로 고민해 보았다. 이날 만나는 친구는 경쟁심이 강한데, 올해 결과가 순조롭지 못했다. 그래서 큰아이는 절대로 먼저 대학 이야기는 꺼내지 않을 것이다. 하지만 친구가 분명히 이야기를 꺼낼 것이고, 그 경우 어떻게 지나치게 기뻐하지도 않되 그렇다고 너무 대수롭지 않아 하지도 않는 적절한 어조로 이 주제에서 벗어나야 하는지를 의논하던 중이었다. 그런데 아이가 다른 이야기를 꺼냈다.

"나는 엄마랑 가장 크게 기쁨을 나누면 좋지."

아이가 눈치 보는 말투로 말했다. 아이가 나의 의중을 알고 싶어하는 것이었다. 아이의 12년 학교 생활 내내 나는 아이의 성적에 무관심했고 대학 진학이나 시험 성적을 판가름하는 시스템이 그렇게 중요하지 않으며 믿을 만한 기준도 아니라고 말해왔기 때문이다. 나는 마음먹고 긴 이야기를 들려줬다.

"네가 좋은 성적을 받거나 대학에 합격했을 때 엄마가 기뻐하지 않는 이유는 세 가지가 있어. 첫 번째 이유는 네가 공부하는 동기가 엄마를 기쁘게 해주기 위해서가 아니길 바라서 그래. 네가 공부하는 걸 엄마가 싫어하는 건 아니야. 다만 네가 동생이랑 열심히 노는 거나, 열심히 공부하는 거나, 열심히 뜨개질을 하는 거나 다 똑같이 중립적으로 바라보려고 해. 공부가 다른 것보다 더 중요하다는 메시지를 엄마가 정해주지 않아야 하지. 그래야 네가 스스로 제일 좋아하는 걸 선택할 수 있다고 생각해. 그게 공부라면 온전히 너 스스로의 동기이기를 바라. 엄마도 이번 결과가 기뻐. 왜냐하면 그건 네가 원했고, 네가 하나씩 스스로 만들어냈기 때문이야.

두 번째는 새옹지마 이야기야. 옛날 중국에 새옹이라는 노인이 있었는데, 어느 날 큰 재산인 말이 도망가자 마을 사람들이 위로를 했지. 하지만 노인은 별거 아니라며 담담했어. 얼마 후 도망간 말이 다른 말을 데리고 돌아온 거야. 재산이 두 배로 늘었어. 마을 사람들은 축하를 했어. 이번에도 노인은 별거 아니라며 담담했지. 얼마 후 새옹의 아들이 새 말을 타다 다리가 부러져서 장애인이 됐어. 마을 사람들은 위로를 했어. 역시 노인은 담담했어. 얼마 후 전쟁이 터졌어. 마을의 다른 젊은이들은 전쟁에 나가서 목숨을 잃었지만, 장애인이 된 아들은 마을에 남을 수밖에 없었고 그래서 죽지 않았다는 거야. 여기서 마을 사람들의 반응과 당사자인 노인의 반응에 어떤 차이가 있는지 봐. 세상 사람들은 나의 실패나 성공 하나하나에 대해 평가를 할 수밖에 없어. 하지만 거기에 스스로가 휘말릴 필요는 없는 거야. 나만의 인생은 고유한 거라, 한 번의 실패나 성공으로 단정지을 수가 없거든.

하지만 진짜 중요한 이유는 세 번째야. 이건 오로지 엄마가 스스로 어떤 엄마가 되고 싶은지 정한 것과 관련이 있어. 엄마는 너의 성공에 기뻐하지 않는 만큼 너의 실패에도 마음 아파하지 않는 사람이 되기로 한 거야. 네가 대학 입시에 실패했다 해도 위로를 하는 게 아니라, 그게 아예 위로할 만한 일도 아니라고 생각하는 사람 말이야. 너와 그런 관계를 맺고 싶어. 네가 엄마를 생각할 때, '아, 이 사람은 나에게 어떤 기대나 예상도 없는 사람이다'라고 생각했으면 좋겠어. 그냥 현재의 너 그대로를 보는 사람이라고 말이야. 너는 지금과 다른 무엇이 될 필요가 없어. 엄마는 너의 성적이나 합격 불합격 같은 외부적인 조건에 따라 변하는 무엇이 아니라, 그냥 너 자체가 궁금한 사람이 되고 싶어. 엄마가 너의 성적에는 관심이 없지만, 네가 만나는 사람은 누군지, 그 사람과의 관계에서 어떤 걸 느끼는지, 너는 어떤 기분인지, 그걸 어떻게 말로 표현하는지 그런 건 관심이 정말 많잖아. 그래서 엄마는 너의 성공에 기뻐하지도 않지만 대신 네가 뭘 해도 실망하거나 가슴 아파하지 않을 거야. 그래서 많이 기쁘지는 않아. 네가 무엇을 이룬다 해도 그건 네 존재 자체로 엄마가 기쁜 것에 비하면 아무것도 아닐 거야."

아이에게 말한 세 번째 이유의 배경에는 나와 엄마와의 관계가 있다. 학생 시절 엄마는 내가 좋은 성적표를 받아올 때 정말 기뻐했다. 엄마를 기쁘게 할 수 있다는 게 나도 기뻤다. 정확하게 말하면 기쁨보다 더 거대한 감정이었다. 아무것도 못하는 어린아이가 최초로 자기가 가진 힘을 의식하는 순간이었다. 엄마를 기쁘게 할 수 있다는 건 어린아이였던 내게는 우주의 지배자가 된 것 같은 성취감을 느끼게 해주었던 것이다. 그래서 공부를 했다. 내게는 그게 유일한 이유인 동시에 가장 순수한 형태의 사랑이었다. 나는 엄마가 기뻐하지 않았다면 그렇게 공부를 잘하지 않았을 것이다. 그러니 아이가 공부를 더 잘하게 하고 싶다면 엄마가 아이의 성취에 대해 기뻐하는 것은 정말 효과적인 동기가 된다.

그런데 엄마는 내가 엄마를 사랑했다는 것을 전혀 모른다. 어렸을 때에도 그리고 지금도. 나는 엄마에게 친절하지 않은 못된 딸이었다. 내 타고난 능력이나 성향을 넘어서 성적을 최대한으로 끌어올리기 위해서 무리를 하다 보니 화가 날 때도 있었지만, 더 중요한 건 엄마가 기뻐할 때 화가 났다는 것이다. 그건 불안이기도 했다. 어쩐지 내가 엄마를 속이고 있다는 생각이 들었다. 공부를 하는 건 나의 본모습이 아닌데, 그런 일로 엄마를 기쁘게 할 수 있다는 게 싫었던 것이다. 하지만 엄마를 기쁘게 하는 일을 멈출 수는 없었다. 엄마가 기뻐하는 건 나에게는 우주 전체가 따뜻해지고 밝아지는 기적이었으니까.

나 역시 엄마의 사랑을 몰랐다. 지금은 머리로 수를 셈하듯이 알아냈지만, 사랑을 느껴본 적은 없다. 역시 못된 딸이다. 엄마는 기뻐하기만 한 게 아니라, 엄청난 희생을 했다. 돈이나 시간, 에너지를 넘어선 더 큰 희생이었다. 엄마는 좋은 성적에 대해서 기뻐한 만큼 공부를 열심히 하라고 끊임없이 독려하고 기대했고, 공부가 끝난 지금도 나의 온갖 단점을 고치려고 무던히 애를 썼다.

"엄마인 내가 너의 단점을 지적하지 않으면 누가 해주겠냐? 내가 너랑 얼굴 붉혀가며 싸워야 나가서 욕 안 먹는다."

언젠가 나는 엄마에게 물었다.

"엄마가 나한테 무조건 오냐 오냐 해주면서 수다도 떨고, 그럴 수 있잖아. 그렇게 살면 안 될까? 엄마가 나를 맨날 혼낸다고 해서 내가 그 말 듣고 고친 거 하나도 없어. 엄마한테 나는 여전히 문제잖아. 그냥 포기하고 나랑 사이좋게 지내면 안 될까?"

"그럴 수 없어. 내가 너한테 원망을 듣고 사이가 나빠져도, 나는 끝까지 너의 잘못을 고쳐야 돼. 그게 엄마가 할 수 있는 일이야. 너랑 사이좋게 지내는 게 뭐 대수라고. 엄마가 그것도 못 참겠냐? 너만 잘되면 돼."

그러니까 나의 엄마는 나를 정말로 사랑하고 있는 것이다. 내가 느끼지 못해도 그건 사실이다.

하지만 나는 지극히 자기중심적으로 나의 이익을 위해 아이를 키우기로 했다. '내가 너를 너라는 존재 자체로 받아주겠다. 너는 다른 무엇이 될 필요가 없다'라는 신뢰의 관계를 갖고 싶었다. 그 관계가 나에게는 행복이 될 테니까.

여기에서도 질문이 남는다. 내 아이는 어떨까? 내가 행복할 수 있는 방식으로 아이를 키우는 것이 아이에게도 행복이 될 수 있을까? 이 질문은 좀 더 확장하면 이렇게 쓸 수 있다. 자기 중심성은 타인을 행복하게 할 수 있을까? 이 문제를 연구했던 학자가 있다. 들으면 납득이 가지만 누구일지 쉽게 예상되는 인물은 아니다. 바로 애덤 스미스다. 그는 덜 알려진 저작 『도덕감정론』에서 나의 행복이 어떻게 타인의 행복이 되는지를 말한다.

사람들은 애덤 스미스를 경제학의 아버지라고 부르지만, 정작 스미스 본인은 자신을 도덕철학자라고 생각했다. 그는 『도덕감정론』이 자신의 대표작이라 생각했고, 실제로 당대에는 큰 인기를 끌었다. 이 책을 뒤적거려 보면 왜 스미스가 인간의 이기심, 즉 개개인의 자유로운 이윤 추구가 전체 사회의 부를 높여주고 발전시킬 거라 믿었는지 느껴진다. 그는 인간이 좀 더 사랑받기 위해서라도 타인과 나누는 합리적인 존재라고 생각한 것이다.

스미스의 도덕철학을 나는 '나나 잘하자'라고 이해했다. 그런데 여기서 나나 잘한다는 것은, 돈이든 권력이든 내 능력을 키우는 데 집중해 남을 이기고 나 혼자 잘 먹고 잘 살자는 게 아니다. 그의 통찰에 의하면 인간은 누구나 자기 행복을 위해 최선을 다하는데, 나의 행복은 타인과의 관계에 달렸다. 하지만 그렇다고 해서 남을 위해 나를 희생하는, 절대적인 도덕을 주장한 것은 아니다. 모든 인간의 궁극적인 목적은 여전히 '나'의 행복에 있다. 그런데 나의 모든 행복은 타인의 존재와 연결되어 있으니 그래서 개인적인 성취나 성공 자체보다는 나만의 성취를 어떻게 타인과 나누느냐가 더 중요해진다.

스미스의『도덕감정론』에서 자세히 다루고 있는 신중함prudence은 정확하게 말하자면 자기 자신에 대한 세심한 관리self-care이다. 건강과 사회적 명성, 가까운 사람과의 관계와 언행, 자신의 행복을 증진하기 위해 이 모든 것에 신중을 기하는 것이다. 스미스가 말하는 자기 이익을 위해 남에게 어떤 모습을 보일 것인가를 정하는 과정은 세심하다 못해 소심하게 느껴지기까지 한다. 상대방이 어떤지, 나의 이야기나 나의 모습을 어떻게 받아들일지, 상대방의 마음과 감정은 어떻게 변할지를 재고 또 잰다.

나는 아이의 성적에는 관심이 없지만, 아이의 존재 자체가 무엇인지 알기 위해 아이를 주의 깊게 본다. 내가 하는 말에 따라 아이의 마음과 감정이 어떻게 변할지 재고 또 잰다. 아이를 위해서가 아니라, 나 자신이 아이와 좋은 관계를 갖고 행복하고 싶어서이다. 바람이 있다면, 아이에게 상대방을 세심하게 관찰하는 습관과 시각을 가르쳐주고 싶다. 남을 그런 시각으로 바라볼 때 자기 자신 또한 그렇게 바라볼 수 있기 때문이다.

내가 엄마 노릇을 하는 건 아이를 위해서가 아니라, 내가 행복해지고자 하는 이기심 때문이다. 하지만 그건 내가 좋은 것들을 누리고, 어떤 성취를 이루는 것보다 더 깊은 이기심이다. 내가 행복해지고 싶기 때문이니까. 그리고 그 깊은 행복은 아이를 있는 그대로 두고 관찰하고 더 많이 알게 되는 과정에서 온다. 스미스가 말한 신중을 기해 생각해 봤더니 그렇다.

엄마는 여전히 내 아이들이 불쌍하다고 한탄하며 아이들에게 이렇게 말한다.

"할머니가 너희 엄마를 잘못 키웠다. 이기적인 엄마라서 미안하다. 너희들이 쓸데없는 고생이 많구나."

예전에는 이렇게 나를 비난하는 엄마의 이야기에 발끈 화가 났었는데, 지금은 그냥 웃는다. 엄마의 말이 사실이라는 걸 깨달았으니까. 그건 아이들이 나에게 가르쳐준 것이다. 내가 엄마를 사랑해서 죽도록 공부를 했던 것처럼 내 아이들도 엄마인 나를 위해 자신의 모습을 죽도록 솔직하게 보여준다. 내가 요구한 대로. 그래서 배웠다. 아이들은 나를 있는 그대로 받아준다는 걸. 나의 이기적인 엄마 노릇까지도.

선량한
이기주의자

마음이 훈훈해지는 휴먼 드라마나 가족물, 애니메이션은 애써 챙겨보지 않는 편이다. 호러물과 액션도 특별한 이유가 있지 않으면 보지 않는데 무섭고 마음이 불편해지는 게 싫기 때문이다. 더 정확하게 말하자면, 현실이 아닌데 굳이 마음 졸이면서 시간을 보내야 하는 게 피곤하다. 반대로 휴먼 드라마는 마음이 지나치게 편안해지는데, 호러물과 같은 이유로 꺼려진다. 현실이 아니라고 느끼기 때문이다. 역경을 극복한다거나 화해와 사랑을 나누는 이야기도 널브러지고 싶을 때 보곤 하지만 보고 나면 어딘가 허탈하다. 내가 살면서 직접 경험한 사람들은, 나 자신을 포함해서 그렇게 나쁘지도 착하지도 않았다. 탁월하게 잘나거나 못난 사람도 보지 못했다. 사람들은 역경을 극복한다기보다 그저 살아간다. 다만 복잡하지 않은 사람이나 비슷한 삶은 단 한 번도 본 적이 없다. 심지어 돌쟁이 아기조차 그저 천사 같지는 않으며 그 누구와도 다른 특이성을 갖고 있다.

이런 나보다 더 염세적이고 냉정한 시각을 가진 기자가 있었다. 미국 언론인 톰 주노드는 1990년대 유명인들의 가식과 어두운 이면을 폭로하는 기사를 여러 차례 써서 기자로서 명성을 얻었다. 그가 속한 잡지 《에스콰이어Esquire》는 1998년에 '우리 시대 영웅'의 이야기를 시리즈로 기획한다. 그런데 주노드는 이미 인터뷰 대상의 부정적인 면모를 까발리는 것으로 널리 알려져 있었기에 모두 그와의 인터뷰를 거부한다. 유일하게 프레드 로저스만이 흔쾌히 응한다.

로저스는 유명 어린이 TV 프로그램인 〈미스터 로저스의 이웃 사람들Mr. Roger's Neighborhood〉을 30년 넘게 제작하고 진행했다. 그는 아이들에 대한 따뜻한 존중과 그들의 심리에 대한 깊이 있는 이해를 바탕으로 프로그램을 만들어 방송인으로 성공했을 뿐 아니라, 소탈하고 선한 이미지로 대중에게 크게 사랑받았다. 현실에서도 그를 만난 많은 사람들이 세상에서 가장 친절한 사람이라고 평하곤 했다.

영화 〈뷰티풀 데이 인 더 네이버후드〉는 로저스와의 인터뷰 기사를 바탕으로 하지만, 허구와 판타지가 곁들여진다. 실존 인물 로저스에 대한 이야기는 실화에 가까우나 그를 인터뷰했던 주노드는 영화에서 보글로 이름이 바뀌어 있다. 따라서 영화에 묘사된 언론인 보글의 사생활에는 어느 정도 허구의 요소가 있지만, 기본적으로는 주노드의 실제 이야기를 반영하고 있다. 이 영화는 좋은 질문들을 던진다. 모든 좋은 질문들이 그렇듯, 이 질문들 역시 정답이 없음에도 불구하고 얼버무리거나 회피할 수 없는 그런 것이다.

로저스는 정말 그렇게 착한 사람이었을까? 아슬아슬한 질문이다. 궁금하긴 하지만, 묻고 싶지는 않아진다. 어쩐지 답을 알 것만 같아서 말이다. '세상에 그렇게 착한 사람이 어디 있어? 성공을 위한 이미지 메이킹 아니겠어? 다들 그런 거지.' 로저스가 어떤 사람이었는지 영화는 끝까지 답해주지 않지만, 다양한 에피소드를 보여주면서 우리 스스로가 각자 답하기를 집요하게 요구한다.

보글은 로저스를 취재하고 싶었나? 아니, 너무도 피하고 싶었다. 왜? 그는 편집장의 강압에 떠밀려서 로저스를 취재하러 간다. 그의 과제는 다들 영웅으로 떠받드는 이 '착한 사람'의 실체는 그렇지 않다는 것을 확인하는 것이다. 지금까지 그가 해왔듯 말이다. 그렇다면 왜 이번에는 그토록 귀찮아하고 거부하는 것일까? 영화에서 길게 보여주는 이 부분은 지루하긴 하지만 그만큼 현실에 가깝다. 보글의 커리어를 생각해보면 공인된

'선한 사람'이나 다름없는 로저스야말로 신나서 달려들어야 할 일거리다. 그런데 무슨 이유인지 그는 착한 사람들의 어두운 실체를 캐내는 것에 질려버린 것 같다. 그렇다고 로저스의 선함에 감동하는 다른 많은 사람들처럼 그를 따뜻한 시선으로 볼 수도 없다.

그는 자기 일을 사랑하는가? 자기 일을 사랑한다는 것은 무엇일까? 보글의 일에 대한 짜증 및 거부감과 대비되는 로저스의 일화가 있다. 어느 날 로저스와 동행하게 된 보글은 그가 서슴없이 뉴욕의 번잡한 지하철을 타자 의아해하면서도 따라 탄다. 아니나 다를까 객차 승객들이 로저스를 알아보고 흘깃거리기 시작하고 보글은 불편해진다. 그런데 놀라운 일이 벌어진다. 누가 먼저랄 것도 없이 로저스가 진행하는 프로그램의 테마송을 부르기 시작한 것이다. 로저스도 신나게 동참하며 객차 전체가 마치 녹화 세트장처럼 되어버린다. 일과 사생활의 경계는 무엇일까? 로저스가 생각하는 일과 일터는 프로그램을 녹화하는 스튜디오에만 있었던 것이 아니다. 단지 그가 카메라가 꺼지고 나서도 친절하고 착한 사람이어서가 아니다. 로저스는 녹화가 지연되는 한이 있어도 세트장을 찾아온 어린아이 하나와 충분히 시간을 들여 이야기를 나누었다. 그는 카메라 밖과 안이라는 구분을 인정하지 않는 사람이었다. 자신의 일을 자기만의 기준으로 했다 그리고 그와 같은 기준으로 살아가며 경계를 만들지 않았다. 따라서 녹화를 하면서 녹초가 되거나, 녹화가 끝나고 나면 사람들을 피하거나 짜증을 내지 않는 것이다.

인간의 어둠을 폭로하고 싶은 보글의 욕구는 다름 아닌 그의 경험에서 나왔다. 보글이 어렸을 때, 아버지는 바람이 나서 병든 아내와 자식들을 버리고 떠나버렸다. 그런데 이후 늙고 병든 아버지는 아들을 찾아와 화해를 요청한다. 보글은 이제 와서 아버지를 용서할 수는 없었다. 그는 아버지에 대한 분노와 상처를 에너지 삼아 냉정한 시각을 가진 언론인이 됐을 것이다. 사려 깊은 아내는 아버지에게 기회를 주라고 권하지만, 그럴수록 임신한 아내로부터 달아나 일에 매달린다. 그런데 일조차 제대로 할 수가 없다. 로저스의 어두운 면을 파내는 일은 결코 순조롭지가 않다. 반대로 로저스는 그에게 따뜻한 질문들을 하는데, 하나하나가 자신의 어두운 면을 건드리는 듯한 기분이 든다. 자신의 이야기를 숨기고자 역질문을 하는 것 같기도 하다. 짜증나는 인터뷰 상대다. 결코 호락호락하지 않다.

이럴 거면 왜 인터뷰 요청을 수락했는가? 로저스의 주변 사람들도 보글의 명성을 알고 인터뷰에 응하지 말라고 강력하게 말렸다. 그러나 로저스는 오히려 그의 어두운 기사들을 읽고 인터뷰를 수락했을 뿐 아니라 그의 아내며 방송 스태프, 고용인들을 자유롭게 만나도록 한다. 영화는 이 질문에도 답해주지 않지만 미뤄 짐작할 수 있는 장면이 있다.

아버지를 여전히 미워하면서도 병든 아버지에 대한 부담과 죄책감에 시달리는 보글은 로저스에게 토로한다.

"나는 망가져 버린 사람이에요."

로저스는 아버지를 용서하고 이해하라는 이야기 대신에 이렇게 말한다.

"그렇지 않아요. 확신에 찬 것뿐이죠. 당신은 옳고 그른 것의 차이를 아는 사람이에요. 당신 아버지와의 관계가 당신의 그런 부분을 형성하는 데 도움이 된 거예요. 아버지는 당신이 당신이라는 사람이 되는 것을 도운 거죠."

그리고 그는 1분간 함께 침묵하자고 제안한다. 그 침묵의 시간 동안 '나'를 '나'이게 만든 모든 사람들을 생각하자고. 최고의 순간이다. 어줍잖게 남을 동정하거나 미워하거나 억지로 용서하고 이해하지 않고, '나' 자신이 되면서도 그 모두를 내 안으로 수용하는 기적 같은 순간.

로저스는 선과 악을 판단해야 직성이 풀리는 보글의 직업윤리를 비난하지도 않고 괜찮다며 위로하지도 않았다. 굳이 따진다면 그는 선과 악이 그렇게 쉽게 구분되지 않는 것임을 이미 잘 알고 있었다. 그는 보글에게 이런 이야기를 던진다.

"살아 있는 동안 우리가 타인과 맺는 연결 자체가 바로 천
국일지 몰라요."

그는 그 관계가 좋아야 한다거나 서로 사랑하고 이해해야
한다고 특정하지 않는다. 모든 관계는 그 자체로 나의 일부가
된다.

일과 '나'의 경계를 스스로 설정함으로써 유명인이라는 굴레
로부터 자유를 얻었던 것처럼, 그는 다시 한번 경계를 허문다.
착한 사람이라는 칭찬이 부담되지 않느냐는 질문에 그는 말
한다.

"고통이 없는 삶은 결코 없어요. 오로지 나 자신이나 남을
해치지 않고 그런 감정들을 어떻게 다루는지를 결정할 수 있
을 뿐이에요. 그리고 부모가 된다는 것은 완벽한 부모가 되어
야 한다는 뜻이 결코 아니에요."

로저스가 정말로 착한 사람인가라는 질문에 깊이 들어가려
면 추가로 물어야 할 질문이 있다. '착함은 누구를 위한 것이
냐?'라는 질문이다.

이 질문에 참고할 만한 이야기가 있다. 주노드가 쓴 《에스콰이어》의 실제 기사 〈영웅이라 말할 수 있나요Can You Say... Hero?〉에 언급된 에피소드다.

어느 날 로저스가 장애인 소년을 만났다. 그 아이는 성격이 막무가내면서 우울하기도 하다. 부모나 어른들은 아이를 가엾게 여겨 배려하면서도 아이의 생떼에 지쳐 있는 상태였다. 로저스 아저씨의 방송을 보는 것이 가장 큰 낙이던 아이는 막상 로저스 씨를 만나자 너무나 흥분하고 긴장해 스스로를 마구 때리기 시작했다. 로저스는 아이가 진정할 때까지 기다렸다가 무슨 말인가를 속삭인다. 그러자 아이는 한순간에 너무도 사랑이 넘치는 순한 얼굴이 됐다.

로저스는 이렇게 말했던 것이다.

"나를 위해서 하나님께 기도해 주겠니?"

이 이야기를 전해들은 주노드는 로저스에게 다시 한번 감탄한다. 남을 위해 무언가 할 수 있다는 걸 깨달은 아이가 자신감을 갖게 해줄 좋은 대답이라고 생각했으니까. 그러나 그런 주노드의 반응에 로저스는 진지하게 대답한다.

"아. 아니에요. 그 아이를 위해서 그렇게 이야기한 게 아니고, 진짜로 나 자신을 위해서 그렇게 부탁한 거예요. 그런 고난에 처한 아이의 영혼이라면 신과 더 가까울 테니, 기도가 더 효과적일 거라고 생각했어요.”

자기 자신을 위해서라고? 로저스는 자기중심적이고 이기적인 사람인가? 그렇다. 본인도 그걸 인정하지 않았나? 앞에서 살펴본 대로 그는 일의 경계와 정의에 대해서도, 선과 악의 구분에 대해서도 철저하게 자기만의 기준을 가진 사람이다. 물론 결과적으로 남에게 따뜻함을 전하지만 그것은 부수적인 결과일 뿐이다. 그는 치열하고 강한 사람에 가깝다. 그런데 동시에 지독하게 겸손하기도 하다. 지극히 냉정하게 자신이 기도가 필요한 사람이라고 판단한다. 진실된 겸손함이 동반된 이기심이란 과연 무엇일까? 우리가 흔히 생각하는 이기심이나 개인주의는 자기중심적으로 생각하며 남들을 돌보지 않거나 남들과 거리를 두는 행동이나 생각을 뜻한다. 이기심이 그런 것이라면 로저스의 이기심은 자신의 무엇을 향한 것일까? 질문은 이렇게 이어져야 한다.

이 영화에서는 대사만큼이나 중요한 것이 말해지지 않는 대사들이다. 로저스의 주변 인물들이 하지 않는 이야기들에 주목해 볼 필요가 있다. 그의 아내, 그와 오랫동안 함께했던 방송의 스태프들, 매니저… 그들은 단 한 번도 로저스를 대놓고 칭찬하지 않는다. 영화는 심지어 로저스가 마음껏 친절을 베푸는 동안 스태프들은 방송 제작이 지연되는 통에 고생하는 모습을 보여준다. 하지만 로저스의 아내도, 스태프도, 아들도 그의 곁을 떠나지 않는다.

보글이 주변 사람에게 로저스에 대해 물을 때 서스펜스 영화를 볼 때처럼 마음을 졸이게 된다. 그가 얼마나 착한지를 증언하는 미담이 툭 튀어나와 주기를 기대하며. 하지만 그들의 눈에는 분명 사랑이 가득하면서도 주저한다. 긴장감이 최고조에 이른다. 칭찬이 나올 듯 말 듯 하다가 결국 지나가 버린다. 그를 묘사하는 핵심적인 대사는 바로 이렇다. "만만치 않은 사람이에요."

로저스에게도 상처가 없었던 것은 아니다. 그는 어려서 비만으로 따돌림당했다. 성인이 된 후 그는 거의 강박적으로 143파운드(65킬로그램)를 유지한다. 매일 수영을 하고 아침마다 몸무게를 재서 143파운드를 확인한다. 그리고 의미를 부여한다. 143이라는 숫자는 'I love you'의 글자 수라고. 이렇게 매일 똑같은 몸무게를 유지하려면 단 하루도, 단 한 끼도 흐트러지지 않고 철저하게 식이를 조절해야 한다.

만만치 않은 사내의 피곤하기 그지 없는 인생이다. 이런 로저스를 보고 착한 사람이라고만 말하는 건 지나치게 단순하게 느껴진다. 물론 그는 가식적이거나 악한 사람이 아니었다. 그는 매일 착함을 반복하는 사람이었다. 로저스가 어떤 선행을 했느냐, 그래서 다른 누군가에게 어떤 영향을 미쳤느냐, 그것은 문제의 핵심이 아니다. 그는 매일, 매 순간 끊임없이 선하기로 선택했고 그런 선택을 곧 자기 삶으로 만들었다. 그는 남들에게 무엇을 해주는 것보다 그 자신이 그런 사람이 되는 것이 중요했다.

이 영리한 영화는 이렇게 답한다.

그는 악기를 연습하듯 친절함을 연습했다. 매일 피아노의 음계 연습을 하는 것처럼.

그는 그냥 친절했던 것이 아니라, 친절함을 '프랙티스practice' 했다. 이 말은 흔히 연습이라고 번역되지만 조금 다른 의미를 갖고 있다. 연습이라기에는 실천하는 것에 가깝다. 그렇다고 실전實戰은 아니다. 실전은 목표가 있고 완성이 있으며 성공과 실패가 판가름난다. 하지만 프랙티스는 매 순간 자기 자신만의 진지함으로 실천하고 지속하는 것이다.

이 영화에 대한 뒷이야기를 담은 기사들을 읽다가 문장 하나를 만났다.

좋은 것에 대해 쓰는 것은 나쁜 것에 대한 것만큼이나 신비

롭고 흥미로운 일이다.

나쁜 것은 우리를 두렵게 하지만, 고정되어 있다. 하지만 좋은 것은 고정된 무엇이 아니다. 언제나 변화하여 다시 발견해야 하는 움직임에 가깝다. 그래서 흥미롭다. 하지만 우리가 수행하듯 지속해서 실천하지 못하면 그것은 흔적도 없이 사라지고 만다. 좋은 것은 연약한 것이 아니다. 다른 방식으로 강력할 뿐이다. 인생에서, 타인에게서, 나 자신에게서 좋은 것은 그렇게 복잡하게 찾아내야 한다.

사랑하지 않기
때문에

남편이 어딘가에서 불쑥 나타나 휘적휘적 내게 다가온다. 그냥 오는 게 아니라 내 눈을 애타게 찾는 절박함과 함께.

"어떡해. 큰일 났어. 큰일 났어."

내용을 말하지 않는다. 내가 물어주어야만 말할 수 있는 게다.

"뭔데? 말해봐."

"어떡해. 어떡해."

자신의 이야기를 하기 위해 질문을 구하는 아이처럼.

"그냥 얘기해봐."

"91킬로가 됐어. 5킬로가 넘게 쪘다고."

나도 충격을 받았다. 남편이 살이 쪘다는 사실 자체는 아무것도 아니다. 충격을 받은 건 그 순간 스친 생각 때문이었다.

'내 책임이다. 내 잘못이다.'

결혼 전 남편을 만난 건 순전히 남편의 뚱뚱한 몸과 큰 키 때문이었다. 곰돌이 푸, 뚱뚱한 부처상은 예나 지금이나 나의 남성 이상형이다.

결혼한 지 10년쯤 된 어느 날 남편이 혈압이 220에 달해 쓰러지다시피 해서 응급실에 실려 갔다. 그때부터 남편을 사육하기 시작했다. 식이조절만으로 10킬로그램 넘게 감량시켰다.

몇 달 전 어느 밤, 남편이 단 게 먹고 싶다고 했다. 당장 오븐부터 켜고 30분 만에 초콜릿 칩 피칸 쿠키를 구웠다. 그날 밤, 남편이 황홀해하면서 먹는데, 내 마음도 어딘가가 꿈틀했다. 그게 시작이었다. 거의 매일 남편을 먹였다. 누군가를 먹이면서 행복을 느낀 게 평생 처음이었다. 자식을 먹이는 건 예나 지금이나 귀찮다. 신선한 야채로 양질의 식사를 준비해 먹여도 그 행복은 내 것은 아니다. 무엇을 먹여도 자식은 몸이건 마음이건 나로부터 더 멀어지고 성장한다. 그런데 늙은 남편은 먹이는 족족 내 것처럼 느껴졌던 것이다.

남편이 91킬로그램이 됐다는 소식을 듣는 순간, 죄책감과 슬픔이 밀려왔다.

'아, 다시 굶겨야겠군.'

남편을 굶기던 시절엔 남편이 밤마다 슬픈 동물처럼 애처롭게 낑낑대곤 했다.

"배고파. 이거 먹고 싶어, 저거 먹고 싶어."

그럴 때, 혹독하게 "먹지 마"라고 할 수 있었던 것 역시 행복 때문이었다. 처방받은 고혈압 약을 먹지 않고도 정상 혈압을 유지하는 것을 확인하는 즐거움. 그 즐거움은 남편을 빨리 죽지 못하도록 해서 내 남편 노릇을 오래 하도록 만들겠다는 계획에서 나왔다. 이 계획이 성공할 것 같아서 즐거웠던 것이 아니라 남편이 내 것임을 확인하는 과정과 같았다.

다시 남편을 굶겨야겠다는 생각을 하면서 슬퍼진 건, 남편이 주린 배를 움켜잡고 괴로워할 날들 때문은 아니다. '사랑이 뭘까?'라는 생각 때문이었다. 겉으로만 보면, 나는 남편을 사랑한다고 해도 된다. 삼시 세끼 식이를 관리해 남편의 고혈압을 조절해주는 것도, 정성이 가득한 디저트와 맛있는 요리를 해주는 것도 남편을 사랑하는 아내가 할 법한 일이다. 하지만 내가 내 마음을 들여다볼 때, 그 안에는 온통 남편을 내 것으로 갖는 기쁨밖에 없음을 안다.

자식에 대한 내 마음은 그와 다르지만 덜 사랑하거나 더 사랑하는 것은 아니다. 자식은 태어나는 순간부터 나와 독립된 별개의 존재라는 사실을 재빨리 인식했다. 20여 년의 시한부 책임과 권력이 주는 긴장과 즐거움을 누릴 뿐이다.

'사랑이 뭘까?' 사랑 때문에 슬퍼지는 것이 아니라, 사랑을 하지 않아서 슬프다는 것을 내게 깨닫게 해준 소설이 귀스타브

플로베르의 『보바리 부인』이다.

　『보바리 부인』의 줄거리는 막장 드라마와 다를 바 없다. 여자의 사회생활이라는 것이 인정받지 못했던 과거에 쓰인 소설인 만큼 보바리 부인을 주인공으로 두고도 여성 캐릭터들은 꽤 단순하게 그려진다. 낭만적 사랑에 대한 환상이 있고 사치를 좋아하는 엠마 루오는 시골 의사 샤를르 보바리와 결혼한다. 살아보니 현실은 자신이 꿈꾸던 환상과 달리 지리멸렬하다. 그는 다시 환상을 실현해줄 남자들을 줄줄이 만난다. 그 와중에 사치스러운 물건을 잔뜩 사들이다가 파산하고 내연남으로부터도 외면당하자 자살한다. 어려서는 거의 똑같은 줄거리를 가진 『안나 카레니나』와 비슷하다고 생각했지만 마흔이 넘으면서 완전히 다른 이야기로 읽히기 시작했다. 『안나 카레니나』의 안나는 분명 반면교사로 삼아야 할 인물이다. 그 책을 읽으면 어떻게 삶의 권태를 이기고 남을 위한 봉사를 통해 고귀한 도덕으로 나아갈 수 있는지를 생각하게 된다. 하지만 『보바리 부인』은 과연 인간이 남을 사랑한다는 것이 가능한지, 그것이 삶에서 어떤 모습으로 나타나는지를 더욱 적나라하게 보여준다.

　샤를르 보바리는 아내의 불륜과 사치를 어떻게 받아들일까? 그는 의사로 성실하게 살아왔지만 아내가 그의 이름으로 거액의 빚을 진 탓에 파산에 이른다. 모든 것이 밝혀진 다음 엠마가 비소를 먹고 시름시름 앓으면서 죽을 때까지 며칠이 걸린다.

그는 분노하는 대신, 엠마가 살기만을 간절히 바라며 아내가 저지른 모든 문제를 해결해주고 싶어한다. 아내가 죽고 나서 아내의 빚 때문에 거지가 되다시피 하는데 이자라도 막으려면 사치품들을 처분해야 한다. 그런데 자신의 물건을 포함해 모든 걸 다 처분하면서도 엠마의 사치품들은 누가 뭐래도 지킨다.

이렇게 사랑이 가득한 남편이 어떻게 아내의 불륜을 눈치채지 못했을까? 무관심한 남편이었을까? 그렇지 않다. 그는 누구보다 아내의 기분 변화에 민감했다. 아내가 내연남들과 연애가 잘 풀리지 않거나 마음껏 사치품을 사지 못해서 짜증을 내거나 풀이 죽어 있으면, 그는 아내의 눈치를 보면서 쇼핑을 하라고 권했다.

샤를르 보바리는 자존심도 없는 머저리였을까? 엠마를 만나기 전, 그는 첫 결혼에서 그와 잘 어울리는 아내와 살았다. 사치는커녕, 야무지게 살림을 잘 챙기고 삶에 대한 환상 같은 건 없는 지극히 무덤덤하고 현실적인 여자. 그런데 샤를르는 그 여자를 정말이지 싫어했다. 그는 어째서 엠마같이 남자를 배신하고 힘들게 하는 여자를 사랑하는 걸까? 이 소설은 샤를르의 어린 시절 이야기로 시작한다. 그는 어려서 예술적이고 고상한 사람이 되어 돋보이고 싶었지만 그런 노력이 좌절된 후 성실하고 지루한 남자가 됐던 것이다. 이런 배경으로 미루어 보면 샤를르는 단순히 멍청해서 엠마에게 속았던 불쌍한 남자가 아닌 것 같다. 그는 남들이 뭐라고 하든 아내를 정말 사랑했던 것이다. 그래서 그의 사랑을 아름답다고 평가하고 싶지만, 이 소설은 여기서 그치지 않는다. 그 사랑은 결국 자기 자신의 결핍에서 나왔다. 바람나서 재산을 탕진한 아내를 사랑하는 것보다 더 지고지순한 사랑을 상상하기는 어려운데도 그조차 사실은 자기중심적이었다.

여기에 쐐기를 박는 한 장면이 있다. 엠마가 비소를 삼키고 죽음을 기다리던 중, 처음으로 남편을 향해 지극한 사랑을 느낀다. 그런데 작가는 여기서 한 문장으로 상황을 전한다. 그는 아내의 죽음을 예상하고 너무 괴로워한 나머지, 엠마가 전하는 사랑을 꿈에도 알지 못한다고. 이 문장 앞에만 서면 차마 눈물도 흘릴 수 없는 창피한 슬픔이 올라온다. 우리에게 사랑은 결국 자기 안에 갇힌 존재의 탈출 시도일 뿐인가 싶다. 인간에게는 사랑의 능력이 없는가 보다. 그런데 사랑하고 싶은 욕구가 왜 있는 걸까.

플로베르의 냉소는 거침이 없다. 엠마와 샤를르에게는 딸이 하나 있었다. 딸을 낳았을 때 엠마는 건실한 삶을 살고자 아이를 극진하게 보살피고 꾸민다. 하지만 아이는 그렇게 환상적인 존재일 수가 없다. 그러자 엠마는 다시 불륜의 세계로 돌아간다. 이후에는 연애 행각의 부침에 따라 아이에 대한 관심도 올라가고 내려간다. 연애로 바쁠 때는 아이를 여기저기 맡기고,

애인이 냉정하게 대하면 아이에게 극진하다. 사랑이 그렇게 많은 남편은 어땠을까. 엠마가 자살로 죽고 나서 샤를르는 딸을 정성스럽게 보살핀다. 하지만 얼마 되지 않아 샤를르는 엠마에 대한 그리움 때문에 병에 걸려 죽는다. 이 부부가 유별나게 나쁜 부모일까? 좋은 부모는 따로 있을까? 아마도 누구나 이들 부부처럼 부모이기 전에 한 인간으로 자기 안에서 살아가는 게 아닐까?

모범적인 가정생활을 꾸려나가고 아이를 책임지고 키우는 부부의 사랑이라면 올바른 것이고 칭송할 만한가?『보바리 부인』에는 약사 부부가 등장한다. 이들 부부는 함께 재산을 불리고, 자녀를 양육하고, 사회적 지위를 향상시키기 위해 애쓰는 등 여러 가지 면에서 손발이 딱 맞는다. 그런데 작가는 이들을 긍정적으로 그리지 않는다.『안나 카레니나』에서도 타락한 주인공과 비슷한 대비를 이루는 조연이 있다. 키티와 레빈 부부는 개인적 욕망과 도시의 화려함을 버리고 시골에서 도덕적인 삶을 선택함으로써 사랑이 얼마나 선하고 아름다울 수 있는지 보여준다.

이 차이야말로『보바리 부인』의 세계와『안나 카레니나』의 세계를 가르는 핵심적인 부분이라고 생각한다. 나는 개인적으로 키티와 레빈 부부의 모범성에 마음이 열리지 않는다. 오히려 약사 부부의 모범성을 공허하게 그린 시선이 더 설득력 있게 다가온다. 하지만 세상은 아마도 키티와 레빈 부부가 더 타당하다고 생각하는 것 같다. 키티와 레빈은 너무나 유명해서 이름이 저절로 외워지지만 속 좁은 기회주의자들처럼 묘사되는 약사 부부는 거의 언급되지 않는 것만 보아도 그렇다.

내가 『보바리 부인』에 더 많이 끌리는 이유 역시 나에게 오는 이득 때문이다. 키티와 레빈처럼 고귀하고 성스러운 삶은 나 같은 평범한 사람에게는 가능할 것 같지 않다. 내 수준에서는 이런 고상한 도덕적 설교가 비현실적이거나 심지어 위선처럼 느껴진다. 하지만 『보바리 부인』을 읽으면서 슬퍼하고 나면, 다음과 같은 생각을 할 수 있다.

먼저 남편이나 아이에 대한 나의 사랑이 결국 전부 내 행복을 위하는 얄팍함이라는 것을 깨닫게 된다. 그러면 그들에 대한 분노나 기대도 사라진다. 아니, 좀 줄어든다.

그다음으로 마음껏 '사랑할 용기'가 생긴다. 어차피 내 수준의 사랑이라는 것은 고작 나의 욕구, 나의 이유일 뿐이고 타인을 진정으로 이해하고 위하는 능력이 없으니, 그냥 마음껏 하자고 마음먹게 된다.

세 번째로 모범적인 이상향의 가족이나 사랑에 대한 질투나 부러움이 없어진다. 보바리 부부처럼 본능에 충실하다가 절망적인 끝을 맞이하든, 약사 부부처럼 세속적인 가치들을 받들며 성실하고 안정적으로 살아가든, 결국 사랑을 하지 않고도 사랑을 바라며 사는 인간의 삶은 슬프게 되어 있다.

무라카미 하루키도 비슷한 주제를 담은 단편 소설을 하나 썼다. 단편집 『여자 없는 남자들』에 수록되어 있는 「드라이브 마이 카」란 작품이다. 이 소설 주인공의 사랑하는 부인도 불륜을 한다. 부부 사이도 원만하고 다정해 도무지 외도를 할 이유 같은 건 없어 보였지만 어쨌든 주인공의 아내는 다른 남자를 만나고 주인공은 그 사실을 알게 된다. 그런데 어떻게 할지 결론을 내리기도 전에 아내는 암에 걸리고 갑작스럽게 죽는다. 남편은 아내가 불륜을 저질렀던 상대 남자를 찾아가서 함께 아내에 대해 이야기를 나눈다. 상대 남자는 대단치 않은 남자였다. 아내는 왜 이런 변변치 않은 남자와의 연애를 필요로 했을까. 그걸 끝내 알아내지 못한다.

남편에게 아내의 불륜보다 더 힘들었던 건, 아내가 자신이 아내의 불륜을 알고 있다는 사실을 알아채지 않도록 연기를 해야 하는 것이었다. 소설은 과연 아내는 남편이 알고 있다는 것을 몰랐는지, 왜 다른 남자를 만났던 것인지 명쾌하게 설명해주지 않는다.

우리가 흔히 사랑이 상대를 이해하는 거라고 생각하지만, 어쩌면 모르는 상태에서, 혹은 모르기 때문에, 사랑하는지도 모른다. 또 어쩌면 사랑이라는 것은 상대를 알지 않겠다는 강한 의지인지도 모른다. 여기서 네 번째로 하게 되는 생각이 있다.

사랑은 상대를 몰라야 가능하고 또 몰라서 가능하다. 나는 상대를 모른다. 그러니 권태란 있을 수 없다. 권태를 느낀다면 상대를 더 파보면 된다.

이제 두 번째로 남편을 굶겨야 할 것 같다. 물론 아직도 남편이 나보다 더 오래 살아야 내가 편하다는 이기적인 이유가 가장 크지만, 이제는 날씬한 남자에게도 매력을 느낄 수 있을 것 같다.

나 자신의 무가치함을
상상하기

    나는 집단 안에서의 사회성이 부족하다. 그런데 나 자신은 불편을 느껴본 적이 없다. 사람들과 갈등을 빚거나 인간관계로 고민을 하면서 고통을 당한 기억도 거의 없다. 문제가 생길 틈이 없도록, 싫어지기도 전에 잽싸게 달아나 버린다. 이렇게 쉽게 떠날 수 있는 건 마음의 자세 때문이다. 사람을 포기하는 게 아니라 사람으로부터 얻을 나의 이익을 포기한다. 흔히들 "더 좋아하는 사람이 질 수밖에 없다"라고 하지만, 이건 절반 정도만 진실이다. "더 좋아해도 바라는 게 없다면 지고 말고 할 것도 없다." 결국 마음껏 좋아하고도 '지지 않고' 마음대로 할 수 있는 것이다. 바라는 게 없으면 내가 속한 집단이나 상대가 조금이라도 나를 불편해할 때 문제가 생기기 전에 "앗, 죄송"이라고 외치면서 재빨리 도망갈 수 있다.

하지만 어떻게 사람이 다른 사람에게 바라는 게 없을 수 있을까? 이것이 가능하려면 또 다른 믿음이 하나 필요하다. '나는 아무것도 아닌 존재다'라는 믿음. 몇 년 전부터 아이의 자존감을 길러줘야 한다거나 성인의 자존감 회복에 대한 이야기가 유행하기 시작하자 나는 의아했다. 심지어 어떤 사람들이 내게 '자존감이 높은 것 같다'라고 말하면 할 말을 잃고 더듬거렸다. "그렇게 보이나요? 설마… 글쎄요…." 나 자신을 비하하는 것도 아니고 그렇다고 겸손을 떠는 것도 아니다. 정확하게 말하자면, 나는 나 자신이 높이거나 낮추거나 할 만큼의 중요한 존재가 아니라고 생각한다. 그래서 나의 가치를 애써 따로 생각해야 할 필요를 못 느낀다. '내가 아무것도 아닌 존재라는 게 그렇게 못 참을 일인가? 그게 뭐 어때서?' 그렇게 생각하는 것이다.

이럴 때 소로의 『월든』을 펼친다. 내가 별 볼 일 없는 존재라는 게 잘 믿기지 않을 때, 혹은 그 사실이 너무 훅 와닿아서 슬퍼질 때마다 찾는 텍스트다. 이 대목을 읽을 때에는 가볍고 편안하게, 하지만 내 마음이 느껴지도록 시간을 들여 머무르기를 권한다. 고전이기 때문에 까다로울 거라거나 해석의 정답이 따로 있을 거라고 걱정하지 않아도 된다. 소로가 여기서 밝혔

듯이 애매한 것 자체가 이 글의 진수다. 아니나 다를까 이 글을 먼저 읽었던 많은 사람들이 저마다 이미 다른 감상과 해석을 내놓았지만 언제나 다다른 결론은 정답이 없다는 것이었다. 모든 사람들이 다 다르게 읽기 때문에 아름다움이 증폭되는, 그런 텍스트인 것이다. 나는 이 대목에서 '나 자신이 아무것도 아닌 것'에서 오는 자유로움과 가벼움을 읽었다.

어떤 날씨든, 하루의 어떤 시간이든 나는 매 순간을 향상시키고 그런 순간을 내 막대기에도 새겨 넣고 싶었다. 과거와 미래라는 두 개의 영원이 만나는 현재의 순간 위에 서고 싶었다. 그 선에 맞춰 똑바로 서고 싶었다. 독자들은 이런 모호함을 이해해 줄 것이다. 내가 하는 일은 많은 다른 사람들의 일보다 비밀이 많은데, 계획적으로 그런 것이 아니라 그 본질에서 비밀스러움을 떼어낼 수 없기 때문이다. 나는 기꺼이 내가 아는 모든 것을 말할 것이고 나의 문 앞에 "출입금지"라고 쓰지 않을 것이다.

오래전 나는 사냥개, 말, 비둘기 한 마리씩을 잃어버려서 여전히 그들이 사라진 길에 있다. 길 가는 많은 사람들에게 그 동물들이 남기는 흔적과 그들이 응답하는 소리를 설명했다. 그들 중 한두 명은 사냥개가 짖는 소리나 말발굽 소리를 들었다거나 구름 뒤로 사라지는 비둘기를 보았다고 하기도 했다. 사람들은 마치 자신의 동물을 잃어버린 것처럼 열심히 되찾고 싶어 했다.

해가 뜨고 동이 트는 것만이 아니라, 가능하다면 자연 그 자체를 고대할 것! 여름이건 겨울이건, 이웃들이 그들의 일을 시작하기도 전에 내 일을 했던 그 수많은 아침들! (…) 해가 뜨는 데에 내가 아무것도 기여한 게 없다는 것이 사실이지만, 해가 뜰 때 내가 그곳에 있었다는 것만으로도 가장 중요한 일을 했다는 사실을 의심하지 말라.

소로가 잃어버렸다고 하는 사냥개와 말과 비둘기가 과연 무엇을 의미하는지 생각하며 감상할 수도 있지만, 나는 그저 동물들이 사라져 버린 길 위에 가만히 서 있는 소로를 상상한다. 번역에 따라 "(동물들을) 여전히 찾고 있다"라고 쓰기도 하지만, 원문에는 단지 "(나는) 여전히 그들이 사라진 길에 있다 am still on their trail"라고 되어 있다. 물론 '찾고 있다'라고 옮겨도 틀린 해석은 아니다. 하지만 내가 느끼기로는 소로가 잃어버린 것을 포기하진 않았지만, 그렇다고 애써서 찾고 있지도 않은 것 같다. 앞선 문단에서 미래와 과거라는 두 영원이 만나는 현재 위에 서 있고 싶다고 했기 에 더욱 그렇다. 소로는 자신이 해가 뜨는 데에 아무것도 기여한 게 없다고 한다. 그는 가만히 서 있다. 나는 이 이미지에 푹 빠져서 며칠이고 소로처럼 가만히 그 느낌에 머물렀다. 미래와 과거가 만나는 현재라는 가느다란 선에 내 발을 정확하게 맞추고, 가만히 서 있는 일.

소로는 자신이 해가 뜨는 데 어떤 도움도 주지 않았지만, 더 중요한 것은 그곳에 서 있는 일 그 자체라고 말한다. 다른 사람들이 하는 일보다 자신의 일이 더 비밀스럽다는 말의 의미는 여기에 있는 것 같다. "그래서 도대체 소로 당신은 뭘 하는 거예요? 잃어버린 동물을 찾고 있는 겁니까?"라고 묻는다면 그는 모든 걸 솔직히 말하겠지만, 그 이야기는 결국 도무지 이해할 수 없을 테고 비밀 처럼 들릴 것이다. 소로는 다른 사람들이 해의 움직임에 맞춰 정해진 일을 한다는 것을 잘 안다. 농부는 농사를 짓고, 학생은 공부를 하는 그런 중요한 일들 말이다. 그렇지만 그는 해가 뜨는 것을 신호 삼아 출근을 하고, 농사를 짓고, 잃어버린 동물을 찾으며 각자가 해야 할 일에 바쁘게 임하는 대신 자연 그 자체를 고대하는 것에 대해 말하고 있을 뿐이다. 가만히 길 위에 서서 말이다.

해가 뜨면 사람들은 자기 일을 한다. 그때 그 사람들은 해를 보았어도 보지 못한 것이다. 오로지 자기 일에 빠져 있어 떠오르는 해도 일을 해야 한다는 신호로 보일 뿐이다. 이때 사람은 지극히 좁고 외롭게 존재한다. 이론적으로는 나는 수없이 많은 평범한 사람 중 하나뿐이라는 것을 알고 있어도 나 자신의 기쁨과 절망에 빠져 결코 가만히 서 있지 못한다. 내가 살아가는 이 넓은 세상을 느끼지 못하는 것이다.

소로의 시적 상상력과 모호함이 가득한 앞의 단락보다 좀 더 구체적인 설명이 있는 부분을 감상해 보자.

우리가 지금보다 더 많은 것을 믿어도 안전하다고 생각한다. 우리가 우리 자신이 아닌 다른 것에 대해 진정으로 걱정하는 만큼은 스스로에 대한 걱정에서 덜어내도 좋을 것이다. 자연은 우리의 강점뿐 아니라 약점에도 맞춰준다. 끊임없는 불안과 긴장은 고칠 수 없는 질병 중 하나다. 우리는 우리가 하는 일의 중요성을 과장하게 되어 있다. 그러면서도 우리가 해내지 못하는 일은 얼마나 많은지! 아프기라도 하면 어떻게 됐겠는가? 우리는 얼마나 정신을 바짝 차리며 살고 있는가! 그러면서도 우리는 피할 수만 있다면 믿음에 따라 살지 않으려고 작정을 한다. 하루 종일 주의를 잔뜩 기울이다가 밤이 되면 마지못해 기도를 하고 불확실한 것에 스스로를 내맡긴다. 우리는 삶을 숭배하고 변화의 가능성을 부정하면서 너무도 철저하고 진지하게 산다. 그러고는 이것만이 유일한 길이라고 말한다. 그러나 원의 중심에서 반지름을 긋는 방법만큼이나 많은 길이 있다. 모든 변화는 숙고해볼 만한 가치가 있는 기적이지만 매 순간 역시 기적이다. 공자는 말했다 "아는 것을 안다고 하고, 모르는 것을 모른다고 하는 것, 그것이 진정한 앎이다." 누군가가 상상 속의 사실을 이해의 영역으로 축소시켜 버리면, 모든 사람들이 그 누군가를 따라 이 하나의 사실 위에 자신의 삶을 세워버릴 거라고 생각한다.

소로는 우리가 나 자신이 우주의 전체인 양 전전긍긍하고 걱정하고 불안해하면서도, 막상 스스로에게 온전히 집중하지 못하는 모순을 아프게 꼬집는다. 우리는 우리가 하는 일이나 우리에게 벌어지는 일에 매몰되어 기뻐하고 절망한다("우리는 우리가 하는 일의 중요성을 과장하게 되어 있다"). 그런데도 정작 하지 않고 넘기는 일은 어찌나 많은지. 이 대목에서 나는 정곡을 찔려 낄낄대고 웃을 수밖에 없었다. 한평생 그렇게 살았기 때문이다. 중요한 시험이나 일, 밀도 높고 집중력을 요구하는 좋은 책 읽기, 새로운 기술 배우기 같은 것에 집중할 시간은 언제나 모자랐는데, 그야말로 한심한 일들을 멈춘 적은 없었다. 먹방이나 연예인 사진을 보는 데 몇 시간씩 쓴다든지 하는 것들 말이다. 낮잠을 자는 건 그나마 스스로에게 집중하는 훌륭한 시간이다. 이렇게 중요하지도 않은 일에 시간을 쓰려면 내 걱정을 하는 것도 그만큼 줄여야 할 텐데 그러지도 못한다.

그렇다고 해서 소로가 언제나 나에게 의미 있는 일만 해야 한다고 하는 건 아니다. 오히려 반대다. 자신에 집중하지 못하는 것을 오히려 있는 그대로 인정하고 받아들이면 그다음에 찾아오는 좋은 점에 대해 이야기하고 있다. 그 좋은 점이란 곧 믿는 것이다. 나 자신이 머리로 알고 있는 스스로의 성장과 성실함 말고도, 우리가 알지 못하는 것에 대해 믿는 것이다. 내 계산에 올바르고 이로운 일만 해야 하는 건 아니다. 아무런 이득이 없는 일, 그러니까 아침 해가 뜨는 것을 가만히 보는 일, 잃어버린 동물들을 찾아나서지도 포기하지도 않고 가만히 기다리는 일. 그런 일들에 우리의 상상력을 발휘하는 것이다.

두 번째 인용문의 마지막 문장에서 상상력imagination과 이성적인 이해understanding는 중요하게 구분된다. 나는 상상력을 나 자신의 머리로 계산할 수 있는 나의 이익과 판단, 그리고 중요성을 내려놓는 일로 받아들였다. '나 자신이 아무것도 아닌 존재'라는 건, 이성적인 판단을 내려놓고 가만히 서 있는 것이 가능할 때에만 받아들일 수 있는 것이다. 나는 내가 아닌 다른 존재로 살아가는 것을 이해할 수 없으니까. 나 자신을 가장 혐오하는 순간에도 사실 이 우주에서 '내'가 가장 중요한 것이다.

첫 번째 인용문에서 동물을 잃어버린 소로가 정말로 아무것도 하지 않는 건 아니다. 그가 멈춰서서 하는 것은 지나가는 이들과 대화하는 것이다. 그들에게 잃어버린 동물들의 이야기를 들려주고 그들의 걱정과 공감, 경험담에 귀 기울인다. 이 대목이 은유로 가득한 쓸쓸한 판타지 같은 이야기를 현실에 단단히 두 발을 딱 붙이게 한다.

'나'의 중요성을 과장하고 그 때문에 불안에 빠져 실상은 남의 일이나 사회적 시선, 걱정거리에 신경을 쓰고 있으면서도 깨닫지 못하는 상태가 아니라, '나' 밖의 세계를 상상함으로써 내가 아무것도 아니라는 사실을 수용하고, 그 상상의 세계를 다른 사람과 나누는 이야기로 채우는 것이다. 그때 비로소 사람들이 내가 잃어버린 동물들이 자기 것인 것마냥 애를 써주는 것도 받아들일 수 있게 된다. 그러다가 어떤 사람이 왜 열심히 동물을 찾지 않고 멍청하게 서 있냐고 야단을 친다면 나는 잽싸게 도망갈 것이다. 동물을 잃어버린 일이 내게는 지구가 무너질 것처럼 심각한 일이겠지만, 자연 전체로 보면 사실 별일 아니니까. 내가 아무것도 아닌 존재라는 것은 이성이 아니라 오로지 상상력을 발휘해야만 도달할 수 있는 영역이다. 어쩌면 그 안에서 다른 사람들을 만날 수도 있고, 그 만남 안에서 자유를 상상할 수도 있지 않을까? 내가 구름 뒤로 날아가 버린 비둘기라도 된 것처럼 말이다.

떠나기 위해
사랑한다

　내가 사는 이곳 워싱턴주 시골은 해 질 녘이면 가끔 유난히 예쁜 구름을 보게 된다. 구름은 멈춘 듯한 순간에도 늘 변하고 있다. 잠시도 같은 모습으로 머무르지 않는다. 반면 우리는 변화를 두려워한다. 변화한다는 건 이전의 자기 자신을 부정하는 것과 같다. 그러나 구름처럼 변화할 수는 없어도 변화를 조금 쉽게 받아들이기 위한 마음가짐은 있을 것이다. 그 마음가짐의 힌트는 '사랑'이다.

　변화는 누구에게나 지독하게 어렵다. 변화의 첫 단계인 기존의 것을 내려놓고 포기하는 것부터 본능을 거스르는 힘든 일이다. 내 것이라면 낡은 컵 하나조차 버리기 망설이다가 결국은 다시 들여놓게 된다.

사람이 한번 쥔 것을 놓는 게 얼마나 어려운 일인지를 보여주는 유명한 마케팅 심리 실험이 있다. 사람들에게 어떤 상품을 써보라고 준다. 일정 기간 후에 아무런 조건 없이 사용한 상품을 되돌려주면 된다는 조건이다. 그런데 물건을 가지고 있었던 사람들은 물건에 대한 설명만 들은 사람보다 구매를 원하는 비율이 월등하게 높았다.

내게도 변화는 어려운 일이다. 어려운 일을 굳이 억지로 해서 좋은 게 없다는 가치관을 갖고 있기도 해서, 최대한 변화하지 않는 게 좋다고 생각한다. 지나치게 힘을 쓰지 않고, 풀리는 대로 순리에 따라 사는 걸 선호한다. 그러니 기존의 상태를 유지할 방법을 찾기 위해 최대한 노력하게 되었다.

그런데 싫건 좋건 변화를 해야만 하는 경우가 생긴다. 하지만 첫 단계인 버리고 포기하는 것부터 쉽지 않을 때 내가 쓰는 방법이 있다. 사랑하는 것이다. 결국 포기해야 할 대상을 진심으로 좋아해보는 것이다. 첫 직장이었던 일간지 회사를 그만둘 때도 그랬다. 주변의 반대를 무시하고 결정한 지 얼마 지나지 않아 직장을 뛰쳐나왔는데, 속속들이 따져보면 과감한 것과는 거리가 멀었다. 내 나름으로는 순리대로, 자연스럽게 떠날 수 있게 된 것이다.

지금 하는 이야기는 20년 전에 있었던 일이니, 지금은 회사 사정도 사회적 분위기도 모든 게 달라졌을 것이다. 그냥 하나의 옛날이야기다.

대학원 졸업을 앞두고는 일간지 기자 공채에 얼떨결에 합격했다. 내가 똑똑해서 붙은 줄 알았는데, 출근을 시작하자마자 아니라는 것을 확실하게 알게 됐다. 인사부서 신입 선발 담당자와 꽤 높은 자리에 있는 상사가 각각 다른 자리에서 똑같은 이야기를 들려줬다. 나는 마지막까지 논란이 많았던 합격자였다. 불합격시켜야 한다는 강한 의견에도 불구하고 뽑혔던 건 2000년대 초반의 사회 분위기 때문이었다. '신문사도 변화해야 한다, 그러려면 튀는 인재를 뽑아야 한다'라는 분위기 말이다.

'망했다.' 나는 튀는 인재가 아니라, 아무 생각도 없고 준비가 안 됐는데 태연한 표정을 지을 줄 아는 사람이었다. 원래 언론사 시험에는 한자와 시사상식 분야도 있었는데, 내가 입사한 해에는 평소와 다른 인재를 뽑으려고 했는지 오로지 영어와 글쓰기 시험만 실시했다. 그러니 평소 신문 한 글자 읽지 않고 기자라는 직업에 대해 별 고민도 사명감도 없던 내가 통과할 수 있었던 것이다. 내가 변화에 능한 사람이었다면 이때 당장 회사를 그만둬야 했으나 어떻게든 버텨보기로 했다. 변화는 두려우니까.

물론 또 다른 변화를 시도할 수 있었을지도 모른다. 아예 기자 정신을 가진 인간으로 변하는 것이다. 신문도 열심히 읽고, 기자적 소명을 심각하게 고민하고 받아들이는 것이다. 하지만 될 리가 없었다. 사람은 좀처럼 바뀌지 않는다.

아니나 다를까 나는 수습이 끝나자마자 취재를 하지 않는 내근 부서인 국제부에 배치됐다. 취재를 하지 않는 기자라니. 시작도 하기 전에 망한 것이나 다름없었다. 그런데 얼마 되지 않아 나는 나날이 출근 시간을 기다리게 되었다. 심지어 그 누구도 시키지 않았는데 교통체증을 피해 아침 7시에 출근했고 아무도 없는 회사에서 가뿐하게 하루를 시작했다. 회사를 그만두는 그날까지 즐겁지 않은 날이 없었다.

회사에서 처음 발견한 건, 구독료가 비싼 전 세계의 유서 깊은 신문과 잡지들을 마음껏 볼 수 있다는 것이었다. 2000년대 초반이었던 당시만 해도 국내 신문의 국제 뉴스는 연합뉴스를 받아다가 쓰는 것이 대부분이었다. 원문 잡지들까지 확인하지 않아도 지장이 없었다. 예전에도 이런 잡지를 읽어야 할 것 같아서 큰맘 먹고 한두 권 간간히 사놓기만 했었는데, 이제는 매일 읽고 있었다. 읽기에 그치는 것이 아니라, 지면에 게재하기 위해 한 문단으로 정리를 해서 매일 회의 때마다 발표를 해야 했다. 이 세상 어느 대학에서도 받을 수 없는 강력한 교육이었다. 게다가 회의가 끝난 뒤 기자 선배들에게 읽은 것들에 대해 이야기를 들려주는 것 역시 매우 즐거웠고, 대단한 훈련이 되었다. 어차피 지면에 실리는 경우는 드물었으니 이야기라도 신나게 들려주고 싶었다. 이렇게 몇몇 선배들과도 특수하게 좋은 관계를 맺었다. 그들과 대화를 나누며 드디어 내가 조금씩 똑똑해지는 것이 느껴졌다. 회사에서 길 하나만 건너면 광화문 교보문고가 있었다. 심심하면 서점에 가서 온갖 책을 구경했고 그중에 마음에 드는 책을 구입하여 마저 읽었다.

거기다가 내근 부서에 있으니 조직의 권력구조와 의사결정의 역학을 보고 들을 기회가 정말 많았다. 이따금 다른 조직의 사람들과 회식을 하게 되면 회식마저 낯선 분야의 숨겨진 이야기를 듣는 즐거운 일상이 된다. 간혹 새벽 4~5시가 가까워오는 시간에는 수십 년 경력의 노련한 술집 마담과 단둘이 대작을 하기도 했다. 그가 조직 내부의 속사정을 너무도 잘 알고 있어서 깜짝 놀랐다. 내용이 사실인지 아닌지는 알 수 없었지만, 어쨌든 권력을 가진 남자들이 그에게 주절주절 이야기를 풀어놓는다는 것은 확실했다. 그 마담은 남성 위주 사회의 권력에 대해 어떤 책에서도 읽을 수 없는 통찰력을 갖고 있었다. 이런저런 경험을 담아 당시에는 거의 없던 기자 블로그를 개설한 다음 시시콜콜한 일상의 이야기를 썼다. 지면에 기사를 내는 것보다 반응이 더 좋았다. 기자의 핵심 역량인 취재 능력은 조금도 키우지 않으면서도 모든 것이 꿈같이 행복한 나날을 보냈다.

그렇게 3년 반쯤 지난 어느 날, 이런저런 우여곡절 끝에 드디어 취재 부서로 발령이 났다. 그것도 입사 때부터 항상 희망해 왔던 문화부로. 예술적인 감성이 있는 사람들을 만나고 싶었다. 드디어 취재를 하는 진짜 기자가 될 수 있는 기회가 온 것이다. 하지만 나는 바로 이날 사표를 썼다.

회사 생활 초기 첫발부터 잘못 디뎠다고 생각했을 때에는 겁이 나서 도저히 그만둘 수가 없었는데 이날의 결정은 별 고민도 없이 당연한 일인 것처럼 즐겁게 해치웠다. 회사가 싫었을 때는 두려워서 그만둘 수가 없었다. 하지만 3년 반의 시간 동안 나는 회사를 정말로 사랑하게 되었다. 나만의 이유를 매 순간 발견하고 만들어낸 것이다. 회사를 사랑하는 일은 결국 일을 내 것으로 만드는 것이었다. 회사를 위해, 회사가 시켜서 하는 게 아니라, 온전히 나를 위한 거였다. 그러자 두려움이 없어졌다. 물론 가계 수입이 줄어드는 것에 대한 걱정은 반나절 정도 했지만 경력이 단절되는 것에 대한 두려움은 없었다. 기자로서 취재 능력도, 취재를 하면서 쌓은 인맥도 없으니 경력 측면에서는 완전히 끝이라는 걸 잘 알았다. 그러나 나라는 사람이 회사 생활에서 얻을 수 있는 즐거움과 성장은 남김없이 다 누렸다는 것을, 나는 확실히 알게 된 것이다. 앞으로 무엇을 하든, 설령 직업을 찾을 수 없다 해도, 남들이 보기에는 아무것도 아닌 시간이었다고 해도 내가 찾아낸 나만의 성장, 나만의 기쁨은 영원히 내 것으로 남을 것이다.

변화는 애도다. 내가 가지고 있는 것이 사라진 미래에 대한 슬픔이다. 그 슬픔은 내가 가진 것에 대한 사랑 때문에 생겨난다. 나의 일부와 작별하는 것이다. 그 작별을 조금 쉽게 만드는 방법은 그 과거를 나의 소유로 만드는 것이다. 나는 그게 사랑이라고 생각한다. 남들이 좋아하는 이유가 아니라 나만의 이유가 있어서 좋아했고 그래서 내가 바뀌고 성장했다면, 그건 미래에도 함께 가져갈 수 있으니까.

4장 | 죽음을
기억 하는 기술

시도한다 실패한다
그렇게 논다

작년에 지인이 대학생 자녀에 대한 고민과 불만을 털어놓았다. 코로나19가 유행하던 기간 비대면 수업으로 전환된 후로 수업에 잘 참여하지 않고 공부도 하지 않아 성적이 떨어졌다는 것이다. 방에 틀어박혀서 새벽까지 휴대폰만 잡고 있다가 낮에는 잠을 자고 무기력한 게 문제라고 했다. 졸업이나 진로에 대해 물어도 아이는 한 가지 대답으로 일관했다. "몰라."

코로나 이전에도 문제가 있긴 했다. 착한 아이였지만 하고 싶은 것도 없고, 시킨 것이나 적당히 했다. 가끔 하고 싶은 게 생겨도 오래가지 못했다. 부모와 사이가 나쁜 건 아니라서 지금까지는 부모가 억지로 간신히 애를 끌고 왔다는 것이다.

상담이 아니라 만나서 수다를 떠는 중이었기 때문에 나는 웃으면서 장난하듯 말했다.

"집안일을 시켜요. 집이 커서 청소하기 힘드시다면서요. 하는 일도 없는데 뭐라도 해야 신나지 않을까요?"

"무슨 집안일을 시켜요. 제 방 청소만 해도… 청소가 뭐야, 제 방 쓰레기만 쓰레기통에 갖다버려도…."

"헉! 그럼 아이 방에 있는 쓰레기는 누가 치워요?"

"내가 하죠."

"그럼 애는 맨날 뭘 하고 사는 거예요?"

"아. 진짜 열받네. 당장 가서 집안일부터 시켜야겠어요."

"아. 갑자기 그러지 마세요. 집안일을 시키면 그나마 괜찮았던 사이도 나빠질 거 아니에요. 집안일은 시키는 게 아닌데… 누구든 집안일 시키면 짜증나잖아요."

"하긴 잔소리를 그렇게 해도 절대 말을 듣지 않아요. 툴툴거리면서 겨우 시늉만 내고… 싸우기 싫어서 차라리 내가 해버리는 거죠. 잔소리를 하지 않고도 집안일을 하게 만들 수 있어요?"

이때 나는 말문이 막혀버렸다. 아이들이나 남편한테 집안일을 시키지 않고 다들 알아서 하지만, 그렇다고 모범적이라 부를 수 있을 만큼 나서서 집안일을 거드는 것은 아니다. 내가 집안일을 열심히 하지도 않는다. 실은 우리 가족의 집안일 자체가 극도로 양이 적어 노동이라 보기에는 애매하다. 그러다 보니 가족 구성원 누구에게도 집안일이 딱히 힘들거나 서로 하라고 재촉해야 할 만한 일이 아니다. 초등학생, 고등학생 아이들 두 명을 포함하는 4인 가족 전원이 삼시 세끼를 집에서 직접 해먹고 아이들 도시락도 집에서 싸가며 외부의 도움은 없다. 어른들은 정규직이 없고 아이들도 학교 말고는 학원을 다니지 않으니 집에 머무는 시간이 길지만 하루 중 집안일에 쓰는 시간은 얼마 되지 않는다.

어떻게 가사의 양을 줄이는지에 대한 질문을 받곤 하는데, 솔직히 설명하기가 꽤나 난감하다. 구체적인 예를 들면 무척 궁상스러워 보이는 데다가 이런 시도로 집안일이 준다는 것도 이해하기 어렵다. 대부분의 사람들은 이렇게 반응할 것이 틀림없다. '애개, 겨우 그런 일로 집안일이 준다고?' 실제로 우리 집에 와서 살림을 본 가까운 친구들이나 친정 엄마는 내게 어떻게 집안일을 줄이느냐고 묻는 대신 의아해하고 황당해한다. '이게 정상이야? 소꿉장난 아니야? 이렇게 사는 게 말이 돼?'

예를 하나 들어본다. 지극히 평범한 저녁 식사다. 이날의 식사는 먹기 시작할 때까지 아무도 준비하지 않았다.

찬밥 반 공기 정도와 어제 잔뜩 끓여서 저녁과 오늘 점심까지 먹고도 남은 렌틸콩 토마토 야채수프가 한 끼 먹을 정도 남았다. 찬밥은 숭늉으로 끓여서 일종의 전채처럼 나눠 먹는다. 밥은 압력밥솥에 하는데, 밥이 남으면 따로 덜어내지 않고 밥솥째 냉장고에 넣어서 보관한다. 수프도 끓인 냄비를 그대로 냉장고에 넣는다. 따로 밑반찬이나 남은 음식을 보관하는 용기가 아예 없다. 전자레인지도 없다. 그러니 전자레인지를 청소하거나 조리기구와 보관용기를 두 번씩 씻지 않아도 된다. 이렇게 하면 설거지가 대폭 줄어든다. 큰 밥솥과 냄비를 동시에 넣으려면 냉장고는 항상 비어 있어야 한다. 이렇게 큰 냄비들이 들어 있기 때문에 남은 음식은 반드시 다음 끼니에 먹어 치운다. 야채수프 같은 경우는 예외다. 처음부터 세 끼 정도 먹으려고 처음부터 엄청난 양을 끓이는 거니까. 그렇다고 냉장고를 한 개 이상 장만해서도 안 된다. 그럼 냉장고 청소를 해야하니까.

한번 먹은 걸 다시 먹기 싫은 사람은 어떻게 해야 할까? 그 사람이 새로운 요리와 설거지를 하면 된다. 큰아이나 남편은 아주 가끔 먹고 싶은 게 있다며 먼저 나서서 요리를 한다. 물론 요리 후에는 완벽하게 설거지까지 해야 한다. 성격상 귀찮은 걸 싫어하고 뭐든 잘 먹는 나와 작은아이는 절대로 그렇게 하지 않는다. 대신에 가끔 남편이나 큰애의 특별 요리가 나오면 무슨 횡재냐며 무지하게 기뻐한다. 이러면 요리를 하는 사람도 신이 난다. 물론 이런 경우는 한 달에 두어 번뿐이다. 요리에 나선 사람은 시작하기 전 먼저 묻는다. "나, ××가 먹고 싶어서 요리할 건데, 좀 도와줄 수 있어?" 보통 야채를 씻는다거나 뒷

정리 설거지를 하는 등의 일이다. 누군가 도와주기도 하지만 아무도 도와줄 수 없을 때도 있다. 그러면 자신의 체력에 따라 혼자서 하거나 포기하고 준비된 걸 먹는다.

식기도 중요하다. 각자 자신의 대접이 하나씩 있어서 거기에 먹는다. 식판처럼 말이다. 그릇을 더 쓰고 싶은 사람은 직접 꺼내서 쓴 다음 설거지도 스스로 한다. 그래서 오늘 같은 날에는 다들 자신의 밥그릇에 수프를 먹고 난 뒤 각자 일어나서 그릇을 대강 헹궈온 다음 통밀빵에 버터나 치즈, 꿀이나 잼을 얹어 먹는다. 통밀빵은 내가 일주일에 한 번씩 넉넉히 구워서 냉동실에 넣어둔다. 이렇게 할 수 있으려면 냉동실이 비어 있어야 하니 냉동식품은 살 수 없다. 하루에 한 끼는 밥, 다른 한 끼는 빵을 먹는다. 버터와 잼을 바를 칼과 숟가락은 한 개씩만 사용하니 네 식구가 치열하게 눈치를 봐야 한다. 자기 차례를 놓치지 않아야 하니까. 그리고 입으로 베어 문 곳에다가 칼이나 숟가락이 닿지 않도록 신경을 쓴다. 다들 정신을 바짝 차리고 다른 가족들이 버터와 잼을 바르는 순서를 가늠한다. 그런 주의를 기울이는 것이 귀찮다면 한 벌 더 꺼내 쓰고 설거지를 하면 되지만, 그렇게 몇 번 한 뒤에는 다들 얌전히 순서를 기다리기 시작한다.

식사가 끝나면 작은아이가 외친다. "나 내일 도시락 쌀 거니까 버터 칼이랑 잼 숟가락은 설거지통에 넣지 말고 그대로 놔

뒤." 도시락은 작은아이가 자기 기분에 따라 통밀빵에 땅콩잼이나 버터, 치즈, 잼 등을 발라서 샌드위치를 만들어놓는다. 동시에 학교에 가져간 물통과 간식통을 씻는다. 처음에는 도시락통도 씻더니 요새는 도시락통 설거지가 귀찮은지 쿠킹 호일이나 랩에다가 샌드위치를 싸간다. 식사가 끝난 후 설거짓거리는 찬밥이 들어 있던 압력밥솥과 수프 냄비와 버터 칼 하나, 잼 숟가락 하나뿐이다. 마무리 설거지는 주로 남편이 한다.

맞다. 우리 집 가사는 이렇게 소박하고 실용적이다 못해 지질하다. SNS에 올릴 만한 그림도 나오지 않고, 아이들의 착함을 흐뭇하게 느낄 만한 것도 없다. 자세히 설명한 것도 어떤 방법을 보여주기 위해서가 아니라 얼마나 황당한지 보여주기 위함이다. 한마디로 소꿉장난이 맞다. 그게 바로 핵심이다.

집안일은 놀이다. 아무렇게나 해도 된다. 흔히 말하듯이 해도 티도 안 나고, 안 한다고 큰일이 나는 것도 아니다. 누구한테 칭찬받거나 경쟁할 것도 아니다. 그야말로 놀이다. 놀이는 즐거워야 한다. 이런 건방진 태도, 나는 이 태도를 아이들과 나누고 싶었다. 만 3세부터 최초로 시작한 놀이가 빨래 개기와 널기인데, 빨래를 각 잡아서 개고 정리할 필요는 없다. 각자 원하는 재미있는 형태로 개고, 그러다가 귀찮으면 아이와 함께 낄낄거리며 서랍에다 마구 구겨 넣는다. 양말 신을 때 짝이 안 맞으면 술래잡기하듯 짝을 찾든가 엉뚱한 짝의 양말을 신으면 그만이다. 빨래를 하지 않아 신을 양말이 없으면 맨발로 가거나 빨래통에 있는 양말을 꺼내 신으면 된다. 그런데 막상 그런 일은 한 번 이상 발생하지 않는다. 그런 일이 생기고 나면 유치원에 다니는 아이도 서랍을 살피고 양말이 몇 켤레 안 남았다고 알려준다. 물론 처음에는 아이가 신을 양말이 없다고 당황하거나 울거나 화를 냈다. 이때 내가 해주는 일은 이 상황을 놀이로 만드는 것이다. 일단 웃는다.

"오늘 진짜 웃긴 날이 되겠다. 맨발로 신발을 신어봐. 아니면 빨래통에서 끄집어내서 냄새를 맡아보거나. 그것도 싫으면 엄마 양말을 빌려줄 수도 있어. 다 재미있는 일이야."

인간이 놀이의 본능을 가지고 있다는 사실은 널리 알려져 있다. 여러 학자가 놀이가 인간의 생존에 필수적이며 인간을 인간이게 만든다는 가설을 냈다. 그중에는 이 글에서 하고 싶은 이야기에 꼭 맞는 가설도 있는데, 바로 놀이를 가상 실험, 모의 실험으로 보는 것이다. 사람은 놀이를 통해 앞으로 닥칠 무수한 경우의 수를 미리 연습해 본다.

하지만 여기서 한 가지 의문이 든다. 대체로 현실에서는 이전에 한 번도 상상한 적 없는 상황이 닥치는 경우가 많다. 이러면 모의 실험이 무슨 소용이 있단 말인가.

그렇지만 놀이의 핵심은 미래를 예측하고 준비하는 것보다는 더 안전하다는 점에 있지 않을까? 실험하고, 실패하고, 다시 시도해 보는 그 과정 자체가 놀이의 핵심이다. 무엇을 배우고 나아지는 게 아니라, 실패에 대한 두려움 없이 장난처럼 이것저것 해보는 태도 말이다.

미래를 준비하는 방법에도 미묘한 차이가 있다. 하나는 무엇이든 철저히 연습하고 준비해서 같은 상황이 닥쳤을 때 많은 지식과 정보를 가지고 능숙하게 대응하는 것, 그리고 다른 하나는 일단 해본 다음 실패했을 때 그것을 실험의 과정으로 받아들이고 새로운 시도를 거듭해 보는 것. 나는 놀이가 후자를 위한 거라고 생각한다. 이런 태도라면 사실 실패는 실패가 아니다. 그런 말도 있잖은가, 진정한 실패는 다시 시도하지 않는 거라고.

글의 첫머리에 나왔던 아이에게로 다시 돌아가보자. 부모가 시키는 건 착하게 따르지만 도무지 의욕이 없는 아이에게 "꼭 공부하라는 거 아니야. 네가 하고 싶은 거 뭐든지 해"라고 아무리 말한들 그 아이가 그렇게 할 수 있을까? 아이는 정말로 놀아본 적이 없으니 실패를 두려워할 수밖에 없다. 착한 아이라면 더욱 그럴 것이다. 정말 많이, 무수히 놀아봐야 한다.

장난처럼 가볍게, 무엇이든 해보고 아니면 '어라? 아니잖아. 다르게 해볼까?'라고 생각하는 것. 이런 태도는 놀이를 통해서만 기를 수 있다. 그런 놀이를 같이 하기에 집안일만큼 완벽한 건 없다. 정말 신나는 놀이이면서도 부모와 함께할 수 있는 놀이다. 놀이이기 때문에 결과에 대한 부담이 없지만 그렇다고 해서 결과의 질이 반드시 떨어지지는 않는다. 그야말로 열중하게 되니까. 지루한 놀이는 없다.

이날은 저녁 준비를 하지 않았지만 빵을 굽는 이틀 동안은 아이들과 나, 남편 모두가 각자 할 일이 있다. 노는 것이다. 빵을 굽는 방법은 내가 연구했지만 그것도 놀이였다. 누구에게 보여주기 위한 것도 아니고, 돈을 벌기 위한 것도 아니었다. 하지만 엄청나게 열중해야 했다. 구울 때마다 해야 하는 일을 가족이 어떻게 나눌지 매번 새롭게 시도하고, 빵 맛을 함께 연구하고, 다양한 것들을 곁들이고 발라 먹으며 조합을 시험해 보고, 그러면서 누가 버터 칼을 너무 오래 들고 있나 감시하기도 한다. 놀이는 무궁무진하다. 그래서 우리 가족의 식사 풍경은 웃기다. 노는 것이니까. 그 행동 하나하나에는 역시 구질구질하고 우스꽝스러운 시도를 수없이 했던 이야기들이 담겨 있다.

집안일이 노동이 되면 아이에게 가르치기 어려워진다. 같은 노동이라면 더 인정받는 일이 훨씬 많고 집안일을 대체할 기계며 서비스, 간편식이나 외식 등도 넘쳐나니까. 하지만 노는 것만큼은 남이 대신 해줄 수 없다. 아이 스스로 삶에 대한 의욕을 갖는 건 놀이에서부터 시작하는 게 아닐까. 아이만 그런 건 아니다. 어른도 죽을 때까지 놀아야 사는 게 재미있어진다.

집안일을 어떻게 줄이느냐는 질문에 제대로 답하지 못하는 것도 그래서다. 집안일을 할 때 나는 어떤 기준이나 완벽한 상태를 지향하지 않는다. 대충해도 되는 놀이로 만들어 열정적으로 이런저런 시도를 한다. 온 가족이 재미있는 실험을 하는 것이다. 그리고 모두가 재미있을 만큼, 어린아이도 자신감 있게 해낼 수 있을 만큼 하려다 보면 집안일은 자연스레 단순해지고 줄어들게 된다.

죽음을 기억하는
하나의 방법

많은 이들이 나에게 아이를 내버려두고 키운다고 말하는데 완전히 틀린 말은 아니다. 다만 나도 고집하는 것이 있다. 내가 선택한 교육 방법은 딱 하나다. '아이가 가사를 주도적으로 하도록 한다.' 이 한 가지를 통해서 자존감, 정서적 안정, 삶에 대한 기쁨, 새로운 것을 배우고자 하는 학습동기, 타인에 대한 배려 등 이 모든 것을 확실하게 가르칠 수 있다. 과학적 연구나 논의가 있어서 따라 한 것도 아니고, 처음부터 가사와 교육을 연결시킨 것도 아니다. 내가 엄마가 되고 가사에 맞닥뜨리면서 우연치 않게 얻어걸린 방법이다. 여기까지 이르게 된 생각의 과정이 있었다.

첫 단계는 직시에서 시작한다. 코앞에 있지만 인정하고 싶지 않은 사실이 하나 있다. 집안일은 하찮다. 내가 자라던 80~90년대에 집안일을 담당하는 가정주부는 논란의 여지 없이 '집에서 노는' 사람이었다. 이혼을 해도 한 푼도 챙기지 못했다. 그러나 지금은 가정주부도 재산의 형성에 기여한 것으로 판단하여 일정 세월이 지나면 재산의 절반을 분할 받을 수 있게 되었다. 법이 진짜 이런지는 몰라도, 일반인인 나의 상식이 이러니 사회적으로 가사 노동의 가치가 보장된 것이다. 그런데 우리는 여전히 전업 가사노동과 자아실현을 연결하지 못한다. 아무리 사회적으로 돈의 가치를 인정해 줘도, 가족들이 진심 어린 감사를 표현해도 온전히 집안일로만 채워진 하루하루가 내 인생의 전부라고 생각하면 아직도 공포스럽다.

그런데 두 번째 현실이 있다. 이 공포스러운 일에서 절대로 탈출할 수 없다는 것이다. 나도 처음에는 이 하찮은 노동으로부터 탈출을 시도했지만 백기를 드는 데는 그리 긴 시간이 필요하지 않았다. 편리하다는 가전제품이나 음식을 배달시키거나 아이와 놀아줄 선생님을 모시는 등 각종 가사노동 외주화 서비스를 이용했더니 약간 편해졌는데, 어째 피로는 그 세 배로 늘어났다. 스케줄을 관리하고, 늘어난 가전제품들을 청소하고, 배달 용기들을 씻고… 마지막으로 가사도우미를 고용하고 나서는 몸은 정말 편해졌는데, 가장 큰 부작용이 왔다. 나 자신이 정말 싫어진 것이다. 딱히 세상을 구하는 엄청난 일을 하고

있는 것도 아니면서 내가 더럽힌 화장실 변기를 남에게 청소시
킨다는 게 말도 안 된다고 생각했다. 도우미 고용 자체가 나쁘
다는 게 아니다. 단지 그건 내가 살고 싶은 삶에는 맞지 않았다.

이때부터 나는 집안일에 대한 깊은 의구심을 품게 되었다.
하찮은데 도무지 탈출할 수 없는 일이라는 게 가사 말고 또 있
을까. 이토록 유일무이하다면 그건 뭔가 다른 차원의 의미가
있는 거라고 생각하게 됐다. 데카르트의 철학은 몰라도 "나는
생각한다, 고로 존재한다"라는 명제에 이르게 된 태도는 안다.
자꾸자꾸 의심해서 확고불변한 진리에 다다르는 것이다. 나는
아무리 생각해도 인간 존재의 핵심은 집안일이라는 결론에 도
달했다. 먹고 자고 싸는 건 끊임없이 준비하고 뒤를 치워야 할
걸 만들어내는 것이니까.

그렇다면 우리 존재는 무엇일까? 『참을 수 없는 존재의 가벼
움』이라는 소설이 있다. 제목이 가진 어감을 참 좋아했는데, 집
안일을 만나고부터는 생각이 완전히 바뀌었다. 존재는 가벼울
수가 없다. 더러움을 남기니까. 이윽고 나는 존재는 한없이 무
거운데 그 이유가 하찮다는 생각에 이르렀다.

이렇게 살다 보니 사회적인 지위를 얻거나 큰 발전과 변화를
이루는 일도 가사와 마찬가지로 하찮게 볼 수 있게 됐다. 돈을
더 많이 벌거나, 많은 사람들을 돕는 일이 가치가 없다는 게 아
니다. 그런 걸 바라는 나의 마음이 약해질 리도 없다. 하나의 덫

개가 추가됐다고 해야겠다. '그러면 좋지, 그래도 결국 본질은 하찮은 거야.'

냉소하는 것은 아니다. 다만 하찮은 그대로 즐기고 놀려는 것이다. 인간이라는 존재가 하찮다고 머리로 깨달았다면 살아서 무엇 하나 고민하며 우울했을 것이다. 하지만 나는 다행히도 집안일에서 출발했다. 집안일은 해야 한다. 아무리 우울해도 변기에 노란 테두리가 생기기 전에 일어나 청소를 해야 한다. 이제 나는 대단한 의미를 만들어내고 업적을 이루기 위해서가 아니라 물컵을 씻기 위해 산다. 집안일은 하찮기 때문에 놀듯이 하고 아무렇게나 한다.

여기까지 왔을 때 나는 자신에 대해 조금 창피한 사실을 깨닫게 됐다. 집안일이 하찮다는 사실은 내가 세상에 태어나 가장 열심히 정성을 다해 그 일을 하면서 알게 된 것이다. 지금까지 일이든, 공부든, 남을 돕는 일이든 강력하게 바랐고 잘하고 싶어 했다. 그리고 그만큼 열심히 한다고 믿었다. 그러나 사실 그렇게 열심히 하지 않았다. 해야 되는데, 해야 되는데, 하고 계속 마음속으로 중얼거리면서도 막상 하지 못하여 스트레스를 받는 것을 열심히 하는 걸로 착각해 왔던 것이다. 집안일을 하는 만큼도 꾸준히 진지하게 하지 않았다. 중요하게 생각하는 것과 열심히 하는 것은 다르다.

모든 게 하찮으면 나약해지거나 건방져지거나 의욕이 없어질 것 같지만, 여기서 가사 노동의 진가가 발휘된다. 절대로 대강 할 수가 없다. 가사 노동은 설거지 한 번으로 끝나지 않는다. 모두가 다 안다. 해도 티가 나지 않지만 단 한 번 귀찮아서 신경을 꺼버리면 바로 티가 난다는 것. 물컵 하나를 당장 씻기가 귀찮아서 개수대에 넣은 것뿐인데, 바로 거기서부터 집 안이 엉망이 된다.

집안일에 매진하는 건 내게 있어서 죽음을 기억하는 방법이었다. 수많은 철학자들이 말한 지혜, 즉 죽음을 기억하고 매 순간 충실하게 사는 일을 나는 도저히 할 수 없었다. 언제 죽을지 모르는데 어떻게 내일 죽을 것처럼 살 수 있는가? 그러다가 오래오래 살면 어떡하나? 그런데 드디어 매 순간 죽음을 생각하며 오늘 이 땅에 발을 꼭 딛는 법을 알아냈다. 나 자신도, 이 세상도, 별것 아닌 나 자신이 살아가는 인생도 하찮다. 그걸 똑바로 응시하는 일은 바로 집안일을 하는 것이다.

항상 최선을 다한다는 건 이런 것이다. 당장 큰돈이 걸린 일이나 중요한 시험이 코앞에 있어도 무심하고 무덤덤하게 내가 쓴 컵 하나를 냉큼 씻는 것. 열심히 씻는다. 그뿐이다. 인생은 그 정도로 하찮다. 나같이 평범한 사람이 할 수 있는, 확실하고도 위대한 일은 컵 하나를 바로 씻는 일, 혹은 그게 정 싫으면 컵 하나로 커피도 마시고, 차도 마시고, 술도 마시고, 물도 마시는 일이다. 실은 나는 컵이 없다. 대신 텀블러로 뭐든 마신다.

와인조차. 손님이 와서 머그잔에 와인을 마셔도 괜찮겠냐고, 우리 집에 와인잔도 없지만 유리잔도 없다고 했더니 손님이 마구 웃었다. "네가 그런 사람인 거 다 알아서 아무렇지 않아. 너한테 와인잔이 있었다면 더 놀랐을 거야."

별것 아닌 삶을 가볍게, 그러나 충실하게 살아가는 것. 이걸 아이에게 가르쳐주고 싶었다. 다른 교육적 목표는 도무지 어떻게 가르쳐줘야 할지 감이 잡히지 않지만, 이건 식은 죽 먹기다. 가사를 하게 하면 된다. 나는 아이들에게 절대적으로 알아야 할 철학 개념보다 설거지를 더욱 진지하게 가르친다.

"먼저 아무렇게나 씻어봐."

그릇이 마른 다음 보았더니 음식 찌꺼기가 군데군데 붙어 있었다. 상냥하게 아이를 다시 불렀다.

"냄비는 음식을 담고 조리하는 안쪽과 불이 닿는 바깥쪽이 있잖아. 우리 집은 냄비 하나만 사용하니까 매일 냄비를 쓰잖아. 그러니까 안쪽은 지금처럼 대강 씻어도 괜찮아. 하지만 냄비 바깥쪽은 음식 찌꺼기나 기름기가 조금이라도 남아 있는 상태에서 열을 받으면 타거나 냄비 색깔이 변하거든. 그러니까 설거지를 끝낸 다음에는 냄비의 바깥을 꼼꼼하게 살펴봐야 해. 냄비의 홈이 파인 부분이나 손잡이가 붙은 부분에 찌꺼기가 남아 있기 쉽거든. 자, 봐봐. 남았지? 다시 여기 음식물을 제거해봐."

그다음에는 설거지의 순서나 세제를 묻힌 수세미를 어떻게 짜고 말리는지 등 한 번에 한 가지씩 가르치고 다시 수정하도록 도와준다. 가장 깨끗하고 완벽하게 설거지를 하는 법을 가르치는 게 아니라, 진지하지만 장난처럼 하는 태도를 나누는 게 목표다. 귀찮고 하기 싫으면 어떻게 대강 할 수 있을까 같이 연구한다.

이렇게 가사에 열중하는 걸 배운 아이는 어떻게 될까. 학교 공부나 사회성, 성격 같은 요소들은 똑같은 교육 과정을 주입시키고 시간을 들여도 아이마다 다른 결과가 나오지만, 가사를 이렇게 배우면 일정한 결과가 나온다. 가사를 똑같이 잘하게 된다는 건 아니다. 큰애와 작은애는 성격이 전혀 다른 것만큼 가사를 하는 방법도 천차만별이다. 똑같은 것은 바로 태도다. 인생을 하찮게 보는 것이다.

어떻게 살든, 나이를 얼마나 먹었든 사는 건 문제의 연속이다. 내 아이들도 자라면서 나름의 어려움을 겪는다. 하고 싶은 일이 마음대로 풀리지 않을 때도 있고 갖고 싶은 것을 늘 가지지 못할 때도 있다. 그러나 아이는 거기에 매몰되지 않는다. 문제는 문제로 받아들인다. 그것뿐이다. 문제를 해결하려고 이런저런 시도도 해보고, 그런 시도는 실패하기도 한다. 그러면 기분이 나쁜 건 지극히 당연하다. 하지만 여기에 '하찮음'이라는 한 겹의 보호막이 생기면 다르다. 싫은 일도 기쁜 일도 다 지나

간다는 걸 아이들에게 아무리 말로 해봤자 소용이 없다. 하지만 가사를 놀이 삼아 매일 멈추지 않고 진지하게 하면, 저절로 뭐든 하찮게 여기게 된다.

　나는 이것이 땅바닥에 두 발을 꼭 딛고 서는 태도라는 걸 아이들을 가르치며 다시 한번 확인했다. 아무리 훨훨 난다 해도, 다시 두 발로 땅을 딛고 서는 기쁨을 잊지 않는 것이다.

하지만 이번에는 생각을
더 멀리까지 밀고 나갔다

　나는 집안일은 하찮다고 말하면서도 그 무게를 지고 인생을
살아가는 것을 집요할 정도로 관찰하고 실험한다. 하지만 내가
집안일의 문제에 골몰하고 삶의 중심에 둔다고 해서 나도, 아
이들도 세상의 기준에 맞추고 싶은 욕망에서 벗어난 건 아니
다. 다만 덮개를 하나 더 갖게 됐다. 집안일은 하찮음에도 불구
하고 소중한 것이 아니다. 오히려 집안일의 하찮음이 바로 삶
의 본질이기 때문에 그것이 가진 힘을 이야기하고 싶었다.

　집안일이 하찮다는 본질을 마주하면서 발견한 깨달음 하나
는 이미 앞에서 이야기했다. 돌이켜 보니 내가 그토록 중요하
다고 여겼던 공부나 돈 버는 일, 남에게 인정받기 위한 일들을
그다지 열심히 하지 않았다는 것을 깨닫게 된 것이다. 아무것

도 하지 않은 게 아니라, 스스로 생각했던 것에 비해 실제로 한 게 없었다. 시험이라고 모든 걸 다 미루고 하루 종일, 매일매일 책상에 앉아 있었다. 실제로 공부를 꽤 많이 했지만 모든 걸 미뤄야 할 만큼 엄청나게 했던 건 아니었다. 내가 나 자신에게 속고 있었던 것이다. 시험 준비 때문에 설거지나 집안일을 미룰 필요는 전혀 없었다. 공부하지 않으면서 책상에 앉아 꾸물거리며 이게 공부하는 시간이라고 믿는 데에 꽤 많은 에너지를 썼다는 걸 알게 됐다.

하지만 이건 나만의 문제일 수도 있다. 두 번째로 깨달은 이야기는 좀 더 일반적이다. 집안일이 하찮다고 인정하고 나니 세상에서 중요하다고 인정하는 다른 일들이 하찮게 여겨졌고 했는데, 바로 그 생각의 연결고리다.

18세기 프랑스 철학자 장자크 루소는 자서전 『고백록』에 기록을 남기기를, 겨우 한달 남짓 걸려서 만들었던 오페라 하나는 실수도 있었고 운도 좋지 않았는데도 불구하고 그 금전적 성공은 『에밀』에 버금갔다고 했다. 반면 『에밀』은 20여 년 동안 구상에 심혈을 기울였고 집필에만 3년이 넘는 노력을 들였다. 이 이야기를 전하는 루소의 말투는 투덜거림에 가깝다.

『에밀』은 두말할 것 없이 걸출한 작품이다. 요새 루소를 음악가로 기억하는 사람은 아무도 없지만 그는 자신이 음악가라고 생각했고, 음악가로서 그럭저럭 성공도 했다. 그가 집필 활동을 본격적으로 시작한 건 거의 50세가 다 되어서였다. 그런데 그의 저작들이 그야말로 폭탄과 같은 화제를 불러일으키며 루소는 죽음의 위협이 끊이지 않는 소용돌이 속에 빠진다. 유럽 전역에서 지명수배를 당하고 책은 판매가 금지되었으며, 그 자신도 수차례 추방당하고 도망다녔다.

여기에 기름을 부은 건 다름 아닌 루소 본인의 성격이었다. 타고난 기질과 성장과정의 경험, 저작이 일으킨 물의가 합쳐져 그는 피해망상에 가까운 의심과 절망에 빠진다. '나는 순수한데 이 세상 전체가 나를 괴롭힌다.' 그는 자신의 이런 결백을 주장하기 위한 의도로『고백록』을 썼지만 의도와 다르게 더 많은 적을 만들어냈다. 루소의 절망은 더욱 깊어졌고 그사이 그는『고독한 산책자의 몽상』(문경자 옮김, 문학동네, 2016년)을 쓴다.

루소는 어린 시절부터 방랑을 하면서 끊임없이 타인과 사회의 인정과 사랑을 갈망했던 것 같다. 역설적이게도 그런 갈망의 깊이만큼 타인을 의심했고 자신이 남들의 악의에 희생당하고 있다며 굳게 믿었다. 그는 그런 원망을『고독한 산책자의 몽상』에서 토로한다.

그런데 여기서 끝나지 않는다.

하지만 이번에는 생각을 더 멀리까지 밀고 나갔다.

내가 너무도 좋아하는 문장이다. 이 구절을 읽기 위해서 그의 징징거림을 여러 번 읽곤 한다. 지독하게 자기중심적인 한탄에 푹 빠져 허우적대다가도 '생각을 더 멀리까지 밀고 나아가는 것.' 아무리 시시한 생각이든, 초라하고 유치한 감정이든 한번 더 밀고 가는 것.

그가 밀고 간 생각은 다음과 같다.

너무나 기이하다. 단 한 사람만 공모를 거부했어도, 그와 상치되는 단 하나의 사건만 일어났어도, 예기치 못한 상황이 하나만 벌어져 방해했어도 그 공모를 그르치기에 충분했을 것이다. (…) 거의 기적과도 같은 그 놀라운 일치를 보고 나는 저들이 도모한 일의 완벽한 성공이 신의 영원한 법령에 기록되어 있음을 의심할 수 없었다. (…) 그때부터 지금까지 인간의 악의가 빚어낸 열매라고만 생각했던 그들의 작업을, 이후로는 인간의 이성으로는 간파할 수 없는 하늘의 비밀 가운데 하나로 간주할 수밖에 없었다. 이런 생각은 내게 잔인하거나 비통하기는커녕 오히려 위안을 주고 마음을 가라앉혀주어 체념할 수 있도록 도와준다.

이 세상 사람들이 모조리 자신을 괴롭히고 모함한다는 원망을 밀고 나아간 곳에는 위안과 체념이 있었다.

우리는 성공에 이유가 있기를 바란다. 성공은 노력과 인내를 통해 성취한 것이길 바란다. 반면 실패나 고난이 우리의 잘못이 아니라고 느껴질 때 억울해하고 분노한다. 루소의 경우 같은 드라마틱한 성공과 고난이 아니더라도, 평범한 내 개인사의 사소한 성취와 실패를 가만히 생각해 보면 똑같이 허탈해진다. 나의 성공은 나의 노력과 별로 상관이 없었고, 나의 실패 역시 별로 억울할 것 없다. 그토록 중요하다고 여긴 성공도 실패도 실은 나의 통제하에 있지 않은 것이다.

인간관계를 두고 흔히들 하는 말이 있다. '오는 사람 막지 말고, 가는 사람 잡지 않는다.' 이 말은 성공과 실패에도 비슷하게 적용되는 것 같다. 온 힘을 다해서 성공할 수도 있지만 실패할 수도 있다. 노력이 성공 혹은 실패가 되는 그 과정에는 내가 어쩔 수 없는 것들이 무수히 많다. 대수롭지 않은 일로 때로 세상의 찬사를 받게 되는가 하면, 가만히 있다가 요란한 비난을 당하게 되기도 한다. 그렇다면 성공과 실패도 그 결과로만 보면 하찮은 것 아닐까. 집안일의 하찮음과는 다르지만, 역시 별게 아닌 것이다.

여기서 나도 생각을 좀 더 밀고 나가보기로 한다. 노력이 성공을 보장하지는 않는다면 그냥 포기해도 될까. 물론이다. 하지만 그 반대로 갈 수도 있다. 성공을 하찮게 여기면 저절로 그냥 계속할 수 있다. 기다릴 수 있게 되는 것이다.

자동차든, 책이든, 약이든 무언가를 팔 때 궁극의 판매기술은 단 하나밖에 없다고 한다. 바로 거절의 숫자를 채우는 것이다. 뛰어난 언변으로 설득하는 대신 거절의 숫자를 늘리면 확률적으로 성공의 기회도 당연히 늘어난다는 것이다. "사세요" 하고 끊임없이 말만 하면 된다. 그런데 이 단순한 방법은 극히 어렵다. 거절당할까 두렵기도 하고, 실제로 거절을 당하면 상처받고 아프니까.

영업만 그런 것이 아니다. 다이어트도, 주식투자도, 공부도, 양육도 결국 단순하게 버티는 것이다. 특별한 기술이나 엄청난 노력보다 아마 더 중요한 건 그냥 무심하게 기다리면서 계속하는 것이다. 그 결과가 무엇이든 간에, 불안이나 기대에 발목잡히지 않고 하고 싶은 만큼, 납득할 수 있는 만큼 지속하는 것이다.

이 어려운 걸 하는 동안 갖는 무심하고 건방지고 진심으로 결과를 하찮아하는 마음이, 어쩌면 악을 쓰며 최선을 다하는 것보다 우리를 더 오래 기다리게 만들지 않을까.

하지만 이런 무심함은 기계적인 무감각과는 다르다. 여기서 하찮은 집안일의 위력이 발휘된다. 하지 않으면 삶이 망가지지만 그렇다고 해도 별 보상이 없고 인정도 받지 못하는 일을 삶의 핵심에 두기란 쉽지 않다. 정신을 똑바로 차리고 엄청난 정성을 기울여야 한다.

집안일은 내가 선택했던 방법 중 하나였다. 모든 사람이 집안일을 나처럼 해야 한다고 말하는 게 아니다. 나의 욕망이 향하는 사회적 성공을 위한 일이나 중요한 일들을 할 때에도 그 결과에 완벽하게 무심하면서도 집중할 수 있는 태도를 매일 실천할 수 있도록 연마하는 수단으로 택한 것이다. 그런 태도에 다다를 수만 있다면 수단은 무엇이든 좋다.

'어차피 안 될 거야. 그러니까 대강 할 거야. 그런데 계속할 거야. 그렇게 멈추지 않고 계속하기 위해서는 몰입하고 집중해야 해.'

아이들을 키우기 위해서 이런 삶의 태도를 구체적으로 만들게 됐다. 아이들에게는 거짓말을 하고 싶지 않았다. "열심히 하면 보답이 올 거야. 열심히 해야 해"라고는 도무지 말할 수 없었다. "열심히 해도, 절대 네가 생각하는 합당한 보상이 오지 않아. 세상은 불공평하고, 이해할 수 없지. 그건 어른이 되어도 마찬가지야." 이때 집안일은 엄청나게 중요한 닻이 된다. 세상이 어떻게 돌아가든지 말든지 "네가 먹은 걸 스스로 치우는 건 여전히 멋진 일이야"라는 말은 자신 있게 할 수 있다. 그건 거짓말이 아니니까. 그 태도가 연장되면 잘하든 못하든 수영을 하고, 그림을 그리고, 건방진 자세로 공부를 한다. 이미 만점을 획득한 과목에서도 추가 점수를 주는 프로젝트를 열심히 한다.

"이미 점수는 다 채웠는데 왜 하는 거야? 힘들잖아."

"몰라."

"좋은 대답이다. 그런 건 모르는 게 좋은 거야."

'결과는 어쩔 수 없다', '세상의 모든 일은 결국 하찮다' 이런 생각이 나태하고 냉소적인 자세를 부르지 않을까? 내가 루소의 예를 든 이유다. 루소는 후대에는 아무도 신경 쓰지 않는 오페라를 한 달도 되지 않는 기간에 만들어서 돈을 벌었다. 음악적인 재능이 탁월하지 않았는데도 말이다. 세상의 모든 것은 영향력을 주고받지만 그 결과가 분명한 인과로 드러나는 일은 드물다. 훌륭한 부모가 최선을 다해도 의욕상실에 빠지고 세상에 적응하지 못하는 아이들이 있고, 열악한 환경에서 자기의 삶을 개척해 나가는 아이들도 있다. 정반대의 사례들은 얼마든지 있다. 내가 원하는 것은 이렇게 무엇도 장담할 수 없는 세상에서, 아이가 삶이 무엇을 가져오든 담담하게 그 순간에 충실할 수 있는 태도를 연습하는 일이다. 말로만 전할 수 있는 것은 아니라서 오늘도 같이 대강 집안일을 한다. 대강이지만 꽤 즐겁고 진지하게 한다.

안 하겠다는
야심

　나의 가장 중요한 정체성은 가정주부이다. 하지만 아이들 교육 뒷바라지를 야무지게 하거나 사진으로 담으면 그럴듯할 정도로 살림을 '잘' 하기는커녕, 도무지 하는 게 없다. 때로 상식을 넘어설 정도로 최대한 대강 한다. 그렇게 살다보면 나를 옳은 길로 이끌어주려는 분들을 만난다. 이도 저도 아니게 살지 말고 배운 것을 활용해 바깥일을 하라고, 혹은 아이들이 세상에서 더 경쟁력을 갖출 수 있도록 교육에 집중하라고. 이만큼 공부를 해놓고 썩히는 건 개인적인 자아실현 측면에서도 사회적인 기여의 측면에서도 바람직하지 않다는 말도 들었다. 그래서 지금까지는 내 입장을 이렇게 설명해 왔다. "전 별로 하고 싶은 것이나 이루고 싶은 것도 없고 꿈도 없어요. 그래서 딱히 목표가 없고, 게을러요. 그게 제 문제이지요." 이 설명에 거짓은 없지만, 완전한 진실도 아니다. 뭐라 설명하기 난감한 1퍼센트가 있었다.

왜냐하면 나로서는 엄청난 야망이 있기 때문이다. 남들은 인정하지 않지만 나는 나름대로 목표도 분명하고, 그 목표를 향해서 하루하루 자아를 실현하며 살고 있다고 느낀다. 그건 바로 집안일이다. 세상에 태어나서 이토록 열과 성을 다한 일은 없다. 그렇다고 타샤 튜더 같이 동화 같은 아늑함을 추구하는 건 아니다(할 수도 없다). 나의 야심찬 목표는 이렇다.

하나, 단 한순간도 집안일이 버겁거나 힘들다고 느끼지 않겠다. 소꿉놀이하듯이 언제나 즐겁고 재미있게 하겠다.

둘, 그 누가 예고 없이 찾아와도 5분 안에 집안 구석구석을 공개할 수 있을 만큼 언제나 깔끔하고 정돈되어 있어야 한다. '집을 치워야 하는데, 어떡하지?' 하는 부담을 어느 날에도 갖지 않겠다.

셋, 외식이나 가공식품은 편의가 아니라 재미로만 이용한다.

넷, 스스로 한다. 언제 이사를 해도 직접 짐을 싸고 풀며 이것을 하루 안에 가뿐히 해결하도록 한다.

다섯, 처음 방문한 사람이나 초등학교 아이도 쉽게 사용할 수 있을 만큼 간단한 살림살이를 운용한다. 가족들끼리 집안일을 떠넘길 필요가 없게끔 말이다.

쉽지 않다. 사람인데 어떻게 맨날 집안일이 즐거울 수가 있을까? 그만큼 내 야심과 목표는 원대하다. 게다가 하루이틀을 이렇게 살겠다는 것이 아니다. 지속적으로 이렇게 살고 싶다. 그러려면 나는 '안 하기'를 노력해야 한다.

작년이었다. 열두 살이 안 된 작은아이만 빼고 셋이서 한꺼번에 코로나19 1차 백신을 맞는데, 다음 날 셋 다 사흘 가까이 몸져누웠다. 하지만 이날도 외식을 하거나 배달을 시키지 않았다. 아니, 그렇게 할 수가 없었다. 이 시골에서는 배달이란 없고 운전할 수 있는 식구는 모두 꼼짝할 수 없었다. 그래서 작은아이가 거뜬히 식구들 밥을 챙겨 먹이고 정리까지 다 했다. 집은 역시나 손님을 맞을 수 있을 정도로 깨끗했다. 어떻게 그럴 수 있었을까? 일단 작은아이가 준비한 밥상은 사과와 포도, 요거트, 치즈, 구운 빵, 따뜻한 우유와 차, 초콜릿, 누룽지처럼 조리 과정이 극히 간단하거나 아예 없는 것들이었다. 그리고 집의 살림살이가 워낙 적어 늘어놔 봤자 어질러질 수 없었다. 도구나 그릇, 청소용품 등이 휑한 선반에 딱 하나씩만 있으면 손님이나 초등학생 아이라도 직감적으로 아무런 고민 없이 일에 돌입할 수 있다. 찬장에 냄비는 하나이니 아이는 망설임 없이 그것을 꺼내 누룽지를 데울 수 있었던 것이다.

간단한 살림을 꾸리는 것과 자아를 실현하는 것이 무슨 상관이 있는 걸까? 이런 살림은 나의 체력과 미적 취향, 내가 친밀한 관계를 맺는 방식, 돈에 대한 나의 가치 판단을 온전하고도 미세하게 탐구한 다음 거기에 맞춰서 최적점을 찾아낸 결과이기 때문이다.

내가 체력이 더 좋았다면 마음에 드는 물건을 더 갖추고 좀 더 본격적인 살림을 꾸릴 수 있었을 것이다. 체력 부족을 한탄하거나 운동을 하는 대신 내 체력에 딱 맞는 일의 양을 찾아낸다. 이 양은 총량을 맞춰야 하기 때문에, 냄비를 닦고 싶다면 다른 곳에서 덜어내는 식으로 전체를 조망해야 한다. 매일 해야 하는 집안일과 주기적으로 해야 하는 일의 균형도 가늠한다. 내 체력으로 관리할 수 있는 물건의 개수도 나한테만 적용되는 것이다. 성격 때문인지 체력 때문인지, 하여간 나는 집안일을 마무리하고 나서 마지막에 전기 밥솥의 물받이나 겉면, 그리고 그 아래에 끼는 먼지를 닦는 게 너무 싫었다. 그걸 매일 닦아줘야 만족하면서도 그럴 체력이 없으니 그냥 밥솥을 없애버렸다. 대신 냄비 밥을 짓는 건 즐겁게 할 수 있었다. 그건 노동으로 다가오지 않았다. 취사 버튼만 누르고 잊어버리는 대신 밥이 지어지는 것을 주시하고 조절하는 것이 재미있다.

우리 집의 물리적인 환경도 소중한 탐구의 대상이 된다. 나는 부엌 서랍과 선반에 딱 맞는 크기와 기능을 찾아냈다. 그리하여 내 집 부엌에 단출하게 접시 두어 개가 놓인 걸 흐뭇한 마음으로 바라볼 수 있게 되었다. 내 팔로 들었을 때 적당히 묵직하며 손에 닿는 느낌이 내 촉각을 만족시키고 우리 가족이 즐겨 먹는 메뉴에 딱 맞는 모양의 그릇이 넓은 자리를 차지하고 있으면 아름답다는 생각이 절로 든다.

이런 자세가 집안일에만 적용되는 건 아니다. 삶의 다른 모든 영역에도 집안일을 하는 방식으로 임한다. '지속하기, 그러기 위해서 되도록 안 하기.'

앞에서 말했듯 나는 인생의 성공과 실패가 내가 뭘 하든 안 하든 거기에 달려 있지 않다고 믿는다. 그래서 나는 성공이나 실패에 별로 관심이 없는데, 그러면 정말 하고 싶은 일이 남는다. 성공을 원하지 않는다거나 실패가 두렵지 않다는 게 아니다. 아무리 간절해도 그건 내가 어쩔 수 없는 일이라는 것이다.

그래서 내 인생의 목적이 지금 이곳에 없는 무언가를 얻거나 도달하는 것이 아닌, 매 순간 달성할 수 있는 것이 되기를 바란다. 집안일을 완벽한 수준에 도달할 만큼 하기보다는 어느 순간이라도 싫어지거나 힘들지 않고 영원히 즐겁게 할 수 있는 상태로 살아간다는 게 내게는 더 엄청난 야망이다. 목표가 이렇게 설정되면 다음과 같은 일이 벌어진다.

우선 매일 목표를 달성하게 된다. 오늘 하루도 집안일을 별로 하지 않았고 그래서 힘들지도 않았다면 곧바로 이렇게 느낀다. '야호, 역시 난 집안일을 잘해. 여전히 집안일이 너무 쉬워.

대단한데.' 참 좋은 기분이다. 글쓰기도 그렇다. 더 좋은 글을 쓰거나 더 많은 사람의 공감을 일으키는 글을 쓰는 게 목표가 아니다. 다만 글을 쓸 때 쉽고 즐거우면 의심 없이 이렇게 생각한다. '아, 역시 난 글을 너무 잘 써.' 여기서 쓰이는 '잘'이라는 부사는 일반적으로 쓰이는 의미와는 다르다. 하지만 그래도 상관없다. 글을 쓸 때 내가 즐거우면 목표를 달성한 것이다. 죽을 때까지 계속되는 집안일과 달리 글쓰기는 즐거울 때까지만 쓰면 되고 죽을 때까지 써야 할 필요도 없다.

다음으로는 세상과의 관계가 달라진다. 거듭 말하지만 나는 세속적인 즐거움과 성공을 절대로 거부하지 않는다. 그런데도 세상 일이 만만해 보인다. 하지만 루소가그랬듯, 누구에게나 세상이 주는 즐거움은 정말이지 변덕스럽다. 그러니 우연히 얻으면 좋고 아니어도 괜찮다. 어느 쪽이든 나는 지속적으로 즐겁게 할 것들이 있으니까. 내가 좀 더 세상의 기준에 맞게 열심히 살았다면 성공을 했을지, 그러지 않았을지는 아무도 모른다. 하지만 나는 세상이 내게 어떤 즐거움을 줄 거라는 기대가 없는 대신, 내가 지속적으로 내가 하고 싶은 일을 할 수 있는 여건들을 잘 관찰하기로 했다. 돈을 모은다 해도 그 돈으로 무언가를 이루려는 것이 아니다. 돈 걱정이 오늘 하루의 낮잠이나 집안일, 좋아하는 사람과의 쓸데없는 수다를 방해하지 않게 하는 게 목적이다.

이렇게 살다 보면 발전은 없다. 그냥 변화하며 살게 될 뿐이다. 집안일이건 글쓰기건 개선되지 않는다. 나 자신의 체력을 증진시키거나 내 글의 단점을 고치려고 의식적으로 노력하지 않으니까. 대신 나는 내 얼마 안 되는 체력을 어떻게 쓰고 즐길까 궁리한다. 글쓰기도 어떤 단점을 의식하며 고치려고 하는 대신 생각이 펼쳐지는 걸 가만히 따라간다. 그러자 매 순간이 다른 가능성들로 풍부해졌다. 나 자신뿐만 아니라 주변 사람들이나 사회 환경 등 변하지 않는 건 없기에 그 조합들도 언제나 새롭게 선택할 수 있다. 하지만 명확하게 더 좋아지고 나아가는 방향으로만 가려고 하면 오히려 그럴 가능성이 줄어든다.

한편 뭐든 열심히 하지 않으며 살아가면 언제나 에너지가 남아 돈다. 남편과 집안일 때문에 티격태격하는 것도 남편이 일을 벌이지 못하게 말리느라 벌어지는 일이다. 집안일뿐 아니라 무슨 일이든 하다 보면 무리를 하기 쉽다. 물 들어올 때 노 저으라는 말은 내게 큰 교훈이 되어준다. 물이 들어오면 반사적으로 노를 마구 젓고 싶어지지만 실은 물이 들어올 때야말로 정신차리고 재빨리 도망을 가야 한다. 무엇 때문에 이렇게까지 에너지를 비축하는 걸까? 아낀 에너지를 뭐에 쓰려는 걸까?

더 젊었을 때의 나는 기를 쓰고 최선을 다하기도 했다. 그런데 무언가를 이루고 나면 정말이지 하나도 기쁘지 않아서 놀랐다. 여러 가지 원인이 있었지만, 그중에는 기뻐하는 것도 에너지가 필요한데 그런 에너지가 더 이상 남아 있지 않았던 탓도 있었다. 나는 그걸 천천히 깨달았다(물론 그다음 목표가 바로 재설정되니 만족을 느낄 여유가 없기도 했다). 굉장히 억울했다. '애개, 이게 뭐야? 마구 자랑하고 싶고 신이 나고 그래야 하는 거 아닌가?' 요새 매일 낮잠도 푹 자고 집안일도 설렁설렁 하면서도 대단한 걸 이룬 것처럼 뿌듯한 건 비축 에너지 때문이다.

앞서 집안일을 깊게 탐구하기 시작한 건 전적으로 아이들 교육 때문이라고 말한 바 있다. 이처럼 목표가 없는 교육관 역시 바로 적용한다. 아이들이 잘하는 것, 하고 싶어 하는 것을 찾아주려고 하지 않는다. 하고 싶은 것이나 잘하는 게 하나도 없어도 하루하루 즐겁게 살아갈 수 있는 방법을 같이 궁리한다. 큰아이는 고등학교 1학년 때 코로나19가 크게 유행하기 직전까지 10년도 넘게 꾸준히 발레와 현대무용을 했다. 예술적 재능은커녕 근력도 부실하기 짝이 없었지만 멈추지 않았다. 대학 입학 원서에 도움이 될 만한 경력이 생기지 않아도 그냥 하는 것이다. 남들의 기준이 어떻든 내가 하고 싶은 건 계속 한다는 걸 매일 실천하고 연습했다. 아이와 함께 동네에 작은 전문대학에서 발레를 전공하고 시골 동네에서 발레 교사로 일하면서 살아가는 선생님들과 만나기도 했다. 남편이 고소득이라 자신의 수입과 무관하게 사회생활 자체를 즐기는 선생님도 있었고,

생활이 빠듯하지만 그만큼 검소하게 살면서 발레 학원을 열기 위해 돈을 모으는 선생님도 있었다. 월드 클래스 발레리나가 되지 않아도, 자기가 하고 싶은 일을 계속하는 것은 또 다른 마음의 자세와 계획이 필요하다는 이야기를 아이와 많이 나누었다. 아이는 코로나로 집에 있는 동안 발레는 하지 않고 컴퓨터 앞에만 앉아 있더니 대학에서 컴퓨터를 더 공부하겠다고 한다. 그리고 대학에 가면 다시 댄스 동아리에 들어갈 계획을 세우고 있다.

우리 가족이 정기적 근로소득 없이 살기 시작한 지 8년이 넘었다. 처음에는 이런 식으로 발전이나 목표 없이 대강 살아가면서 이 방식을 지속할 수 있을지 확신할 수 없었다. 결국에는 돈을 더 벌거나 남들이 인정하는 일을 찾아서 발전하기 위해 최선을 다해야 하지 않을까, 하는 의심이 있었다. 지금도 그런 의심은 사라지지 않았다. 하지만 생각보다 꽤 오래, 멀쩡히 살아가고 있다. 심지어 이런 방식을 우리보다 더 적극적으로, 멋지게 실험하는 이들도 있다. 사회적인 성장을 목표로 삼지 않는 것이 늘 한계까지 최선을 다하는 것보다 더 좋은 삶의 방식일까? 거기에 대한 답은 없다. 나는 다만 다양한 삶의 실험을 지켜보는 게 흥미로울 뿐이다.

오두막의 비용이
알려주는 것들

저녁 산책길에 둘째가 노을을 줌으로 당겨서 찍었다. 화면에 담긴 하늘은 짙은 형광 분홍빛이었다. 우리 눈으로 본 하늘과는 다른 색이었다. 하늘은 파랬고 구름에만 약간 핑크색이 감돌았다. 같은 걸 보더라도 현미경으로 보느냐, 망원경으로 보느냐에 따라 디테일은 많이 달라진다.

책 출간 이후 인터뷰를 하면서 경험한 것이 있다. 기사마다 '생활비 100만 원'이 제목으로 뽑히고, 또 이 제목이 엄청난 관심을 끈다는 것이다. 처음 한두 번은 마음이 편치 않았다. 내가 전하고 싶었던 이야기는 나라는 사람의 시시콜콜한 무엇이 아니었다. 나는 유명인이나 공직자도 아니고 인생에서 엄청난 성공이나 실패를 겪은 것도 아니니 이야기 자체로서 가치가 있을 리 없었다. 물론 온통 내 이야기를 쓰지만 그건 하나의 소재이고, 소재를 통해 독자들이 평범해 보이는 자신의 삶을 스스로 특별하게 바라보는 기회가 되기를 바랐던 거니까. 유명인의 사생활을 담은 책이건, 지식으로 가득한 전문 철학서건, 책을 읽는 공통의 목적은 바로 자기 자신으로 돌아오는 먼 길을 떠나기 위함이라 생각한다.

그래서 책을 준비하면서 우리가 생활비를 얼마 쓰는 게 중요하다고 생각지 않았다. 나 자신부터 생활비를 어떻게 아낄까, 얼마에 고정시킬까가 관심의 중심이었던 적이 없었기 때문이다. 물론 결혼 후 처음 10년간은 돈을 모으고 투자하고 아파트를 사는 데 온통 골몰해 있었지만, 그걸 멈춘 후의 이야기를 하고 싶었다. 시골에 오고 나서도 100만 원 안에서 생활비를 써야겠다고 목표를 세우고 노력했던 것이 아니다. 이런저런 시도를 하며 살다가 뒤돌아보니 대략 그 정도를 쓰고 살고 있을 뿐이다. 하지만 다양한 매체들이 모여서 공모라도 한 것처럼 '생활비 100만 원'을 제목으로 뽑는 걸 보고 나니 이젠 나도 궁금해졌다. 어쩌면 우리가 돈 쓰는 과정 안에 나는 놓치고 있지만 남들에게 의미가 될 수 있는 무엇이 있는 걸까?

소로는 자신이 책을 쓰는 이유를 이렇게 설명한다.

우리 동네 사람들이 나의 생활방식에 대해서 이런저런 구체적인 질문들을 하지 않았다면, 나는 대놓고 내 문제들로 독자들의 관심을 끌려고 해서는 안 될 것이다. 어떤 사람들은 내 삶의 방식이 요새 세상과 전혀 맞지 않는다고 impertinent 할 것이다. 하지만 내가 보기에 우리를 둘러싼 배경을 생각해보면 대단히 자연스럽고 상관이 있다고 very natural and pertinent 생각한다.

소로의 이 문장을 다시 한번 읽으면서, 소로가 고집스럽게 자신의 이야기를 풀어놓기만 했던 것이 아니라는 생각이 들기 시작했다. 따지고 보면 나에게도, 그리고 아마 소로에게도 진심으로 '넌 어떻게 사냐'며 궁금해서 물어본 사람은 없을 것 같다. 어쩌면 유명인에 대해서 우리가 갖는 호기심조차 그들에 대한 진짜 질문이 아닐 가능성이 있다. 세상은 사실 나에게 관심이 없다. 그러니 세상에 응답하고 싶어도 그럴 수가 없다. 나에게 질문을 한 적이 없으니까. 세상과 싸운다는 것은 성립되지 않는 말이다. 돈키호테가 자신의 갈 길 앞에 놓인 거대한 풍차를 괴물이라고 굳게 믿고 싸웠던 것처럼 말이다.

결국 모든 사람들이 진짜 궁금해하며 스스로를 괴롭게 하는 것은 세상이 아닌 자기 자신에 대한 질문일 것이다. 사람들에게는 공통된 질문이 있다. 우리는 각자 자신의 대답을 찾기 위해 외로운 길을 가야 하지만, 유일하게 위안을 찾을 수 있다면 모두가 비슷한 질문을 받게 된다는 것이다. 아무리 각자 다른 환경에서 다른 성격을 가지고, 다른 모습으로 살아간다 하더라도, 우리는 비슷한 질문으로 연결되어 있다. 누구의 삶이든 다 특이할 것이다. 소로의 단어를 빌리자면 'impertinent'라고 하겠다. 이 단어는 한국어로 적절히 대응되는 것을 찾기가 조금 까다로운데, 풀어 설명하자면 어떤 상황에 잘 들어맞지 않아서 앞뒤 이치가 잘 맞지 않는 걸 말한다. 하지만 소로는 자신의 이상한 삶을 자연스럽고도 '잘 들어맞는다pertinent'고 했다. 모든 삶이 다 그럴 것이다. 모두가 다 다르지만, 그래도 우리는 이상하고도 자연스럽고 자신에게 꼭 맞는 이야기를 서로에게 들려줄 수 있다. 공통적인 사회적 맥락은 우리에게 비슷한 질문들을 하게 하니까.

나의 그 많은 이야기 중 사람들이 하나같이 관심을 가졌던 것이 생활비 100만 원이라면, 그건 내가 모르고 지나갔던 나의 질문이자 이 시대를 사는 많은 사람들의 공통된 질문일지도 모른다. 남들의 질문과 비난 안에는 타고나고도natural 잘 들어맞는pertinent 내 삶의 이야기를 찾아갈 수 있는 실마리가 있다. 그 질문을 통해 내 삶 안으로 더 깊이 들어갈 수 있다면, 그것이 우리가 남들에게 들려줄 수 있는 가장 좋은 답이 될 수도 있다. 역시 자신의 삶 속으로 깊이 들어가고 싶은 사람들에게는 말이다.

이렇게 소로와 새로운 대화를 하고, 이전에는 제대로 읽지도 않고 넘겼던 부분을 다시 읽기 시작했다. 소로가 자신이 집 지은 비용, 생활비를 계산한 부분이다. 이전에는 물가는 물론 생필품의 구성 자체가 다른 옛날 미국의 생활비가 나와 무슨 상관인가 싶어 서둘러 페이지를 넘겼다.

소로는 자신이 오두막 짓는 데에 쓴 비용을 상세히 적는다. 그는 자기 집을 짓는 데 얼마가 드는지 정확하게 아는 사람이 거의 없고, 집을 구성하는 개개의 구성품들의 가격을 아는 사람은 더 드물기 때문에, 자신이 보여주겠다고 썼다. 물론 그가 못을 사는데 얼마를 썼는지 궁금하지는 않지만, 사람들이 자기가 쓰는 돈의 행방을 정확하게 모른다는 사실은 다시 생각해 볼 만하다. 그런데 재미있게도 소로가 적은 비용에는 소로의 노동력도, 주변에서 공짜로 구한 나무나 돌이나 모래의 값도 포함되지 않는다. 게다가 재료가 남아서 작은 창고도 하나 더 짓는다. 정작 중요한 땅마저 친구 에머슨이 무상으로 빌려준 것이다. 그러니까 오두막을 짓는 데 든 비용을 소로조차도 정확히 알 수가 없다.

소로가 집 지은 비용을 아무리 세세하게 공개했어도 우리는 그것을 따라 할 수가 없다. 우리가 따라 할 수 있는 건, 내 집에 드는 비용을 세세하게 알고자 의식적으로 노력하는 사람이 되는 것뿐이다. 그때는 그걸 왜 알아야 하는가 되묻게 될지 모른다. 좋은 질문이다. 이 질문을 갖게 된 것만 해도 근사한 일이다. '나는 모르고 살래'라는 결론을 내도 좋다. 모르고 산다는 것을 알게 된 거니까. 더 중요한 지식은 내가 돈을 지불하지 않고 얻은 것들이 무엇인지 아는 것이다. 우리가 돈이 없으면 아무것도 가능하지 않을 것 같은 불안에 시달릴 때, 이런 앎이 돈보다 더 큰 위안을 줄 수 있을지 모른다.

환율도 물가도 요동치고 가족마다 소비의 취향이 다른 시대에 우리 전체 생활비는 우리의 진짜 이야기를 담지 못한다. 대신 하나의 구체적인 예로 교통비 항목에서 우리가 실제 쓰는 돈과 돈을 지불하지 않고 누리는 우리의 이야기를 해보겠다. 미국에서 교통비를 줄인다는 것은 전적으로 다른 삶의 방식을 요구하는 일이다. 미국에서는 식료품이나 옷이나 공산품이 무척 싼 대신에, 교통비, 통신비가 어마어마하게 비싸다. 미국 대부분의 지역에서 교통은 곧 자동차를 뜻한다. 거기엔 기름값(코로나19가 유행하기 전에는 12만 원이었고 큰아이가 운전을 시작하고 기름값이 오르면서 30만 원이 되었다), 보험(1년에 120만 원이었다가 17세 큰아이가 운전한 이후에는 200만 원으로 올랐다. 추가된 80만 원은 큰아이가 아르바이트를 해서 부담했다.), 엔진오일, 타이어 교체 등의 보수유지비(대체로 월평균 10만 원 정도)

가 든다. 대략 한 달에 평균 60만 원 정도가 교통비다.

대중교통이라고는 없고 모든 것이 멀리 떨어진 미국의 교외에서는 성인 한 사람당 차 한 대가 필수적이다. 그런 미국 시골에서 4인 가족이 차 한 대로 살아가면 전체적인 생활비가 크게 줄어든다. 대신 차 한 대로 살아가는 것이 가능하려면 돈을 아끼려는 의도보다는 효율성이나 성취에 대한 정의를 새롭게 해야 한다.

일단 아이들은 무조건 학교버스로 통학시킨다. 시골이라 차로 가면 15분 거리에 있는 학교인데 버스를 타면 한 시간 가까이 온 동네를 돌아다닌다. 이렇게 하려면 두 가지 전제가 필요하다. 먼저 아이가 저녁에 9시 전후로 자서, 아침에 그만큼 일찍 일어나야 하고, 두 번째로 공부를 너무 중요시해서도 안 된다. 그래야 시간을 길에서 잔뜩 흘려도 편한 마음으로 버스를 타고 다닐 수 있다.

시간적 여유가 있기를 바라면 학원을 많이 다닐 수 없다. 미국의 학원들은 차량을 운행하지 않으니 부모가 데리고 다녀야 하고 수업을 마칠 때까지 당연히 기다려줘야 한다. 그리고 대학 입시를 위해 운동이나 악기를 꾸준히 해야 한다고들 하지만, 이 역시 대학 입시를 별로 중요시 하지 않고, 아이가 탁월한 소질을 보이지 않으면 굳이 무리를 할 필요가 없다. 그나마 큰아이는 발레나 조정을 좋아해서 코로나19 전까지 데리고 다니곤 했는데 작은아이는 새로운 환경에 적응하는 것도 싫어하고, 남들이 정해준 진도에 맞춰 뭔가를 배우는 아이가 아니라서 학원에 다닐 필요가 없었다. 대신 아무도 알 수 없는 자기만의 욕구가 생기면 뭐든 한다. 그런데 그것도 엄청난 열정으로 계속하는 것이 아니라, 내키는 대로 하다가 말았다가 한다. 작은아이는 오로지 학교만 다니다가 가을부터는 아빠가 아르바이트를 하는 YMCA의 수영 팀에 들어갔다. 이렇게 일정이 여유 있으니 언니를 학원에 데려다줄 때나, 어른들이 일을 볼 때도 따라다닌다.

시골에서 차 한 대로 살면 인간관계를 맺는 방식도 완전히 달라진다. 이곳에서는 어른이나 애나 누군가를 만나려면 차로 움직여야 한다. 누구 한 사람이 차를 끌고 친구를 만나러 나가면 다른 세 명은 발이 묶이게 되는 것이다. 그래서 너무 이상한 상황이 아니라면 미리 양해를 구하고 네 사람이 한꺼번에 출동한다. 이렇게 살다 보니, 아줌마들끼리 만나도 애들, 남편도 다 같이 나가서 함께 놀고, 남편의 지인도 대체로 가족이 함께 만난다. 아이들의 친한 친구들은 자연스레 모든 식구들이 다 친구가 된다. 결국 대부분의 상황에서 네 사람이 언제나 같이 움직이게 되는 셈이다.

엄청나게 불편할 것 같지만, 꼭 그렇지만은 않다. 언제고 불가능해지면 차를 추가로 구입하기로 작정하고 차 값을 모은 지는 오래 전인데 아직까지는 괜찮다. 상황이 변하면 거기 맞추려 한다.

네 명이 함께 이동하는 것이 견딜 만한 이유는 우리 부부가 매일 출근하지 않기 때문이기도 하지만 가족 각자가 가치를 생산하고 있기 때문이다. 그 시간 동안 우리는 불편을 견딤으로써 소비를 줄이고 동시에 함께 부대끼는 법을 배운다. 차를 더 가져야 하는 건 각자 효율적으로 움직여 경쟁력을 높이기 위해서다. 우리에게는 그런 목적이 없다. 아이들이 자신의 친구를 만나거나 학교 모임, 학원이나 쇼핑을 가야 할 때, 다른 가족들의 스케줄을 전부 고려해서 시간을 짜야 한다. 그리고 함께 이동하는 동안 식사 시간이 겹치면 이에 대한 계획도 함께 세운다. 동선을 고려해 무엇을 어디에서 사 먹을지, 도시락을 쌀지 생각해보는 것이다. 이 역시 아이들이 주도한다. 만나는 사람들의 특성을 고려해서 가족들이 함께 앉아서 놀 수 있을지, 아니면 가족들은 주변에서 다른 일을 하면서 자리를 피해야 할지도 미리 계획하고 준비한다. 쇼핑을 갈 때, 쇼핑 품목의 가치와 가격을 확인하고 옮기고, 자신이 사고 싶은 것을 찾는 일도 직접 한다. 우리는 이 모든 것을 생산 활동이라고 여긴다. 내가 하고 싶은 것을 하기 위해 함께 차를 타고 이동해야 하는 제한 덕분에 우리는 서로를 너무도 잘 알게 된다.

아이들이 남들처럼 배우지 않으니 경쟁력을 기르지 못할까 걱정을 한 적도 있지만 더 이상 걱정하지 않는다. 아이들이 초등학교 저학년이었을 때 깨달았다. 내 아이들은 다행히도 조기 교육이 필요한 운동이나 음악 분야 혹은 수학과 물리 분야에 천재성이 없어서 굳이 조기 교육의 기회를 찾아다니지 않아도 됐던 것이다. 이런 특수한 분야가 아니면, 천재성은 대체로 나중에 스스로 갈고 닦아가며 나온다고 한다.

대신 아이들은 가족에 대한 충성심을 익혔다. 가족 안에서 원하는 것을 얻고 자유로워지는 법을 배운 것이다. 그리고 어른들과 다른 가족들, 다양한 사람들을 만나면서 사람을 대하는 법을 익힌다. 그냥 사람을 만나는 것만으로 되는 것은 아니고, 함께 외출하기 위해 미리 계획하는 과정과 되돌아보면서 다음 만남을 위해 무엇을 다르게 해야 하는지를 온 가족이 의논하면서 생기는 습관이다. 아이들이 처음에 엄마 친구를 만나는 자리에서 지겨워서 몸부림을 치다가 냅킨까지 접기 시작할 때는 이런 배움을 예상하지 못했다. 그런데 어느 날부터 아이가 엄마 친구 중에 아이들과 대화를 나누는 사람과 그러지 않는 사람을 나누고, 만나는 사람이 누구인지 묻고 나서 거기에 맞춰 짐을 싸기 시작할 때 생각했다. '어라? 똑똑하네.'

이런 시간은 입시나 취업에는 별 도움이 되지 못할 것이다. 그러니 가족 밖에서 경쟁력이 될 수 있을지는 모르겠다. 하지만 아이들이 무엇을 하든 관계 안에서 자신의 가치를 만들어내는 생산 활동을 멈추지 않을 거라는 기대를 해본다.

그리고 또 한 가지. 자본주의에서 개인이 홀로 외따로 떨어지는 것은 그만큼 돈이 많이 드는 일이라는 단순한 사실을 거듭 깨닫게 되었다. 공동의 생산을 하게 되면, 그것이 물건이 아니라도 '함께'라는 것만으로도 필요한 돈은 저절로 줄어든다. 그렇다고 당장 가족들이 항시 같이 시간을 보내는 극단적인 조치를 취할 필요는 없다. 다음 소개할 지출 항목인 먹는 비용에서는 같이 쌀농사를 짓지 않아도 함께하는 생산 활동이 될 수 있는 방법들이 꽤 많다.

식비가 줄어든 과정 역시 절약이라기보다는 점차 일어난 가치관의 변화였다. 그전 우리 가족의 식비는 아마 많지도 적지도 않았던 것 같다. 시골에 이사 오기 전 중산층 교외 주거지에 살 때 우리 4인 가족의 식비는 한 달 평균 대략 170만 원 정도였다. 집에서 먹는 식재료, 외식, 술, 커피 등 음료, 아이들 학교 급식을 전부 합한 값이다. 미국은 한국과 비교해서 식재료 값은 싸지만 외식비는 비싸다.

예나 지금이나 우리 가족은 먹기 위해 사는 사람들이다. 시댁과 친정 양가로부터 내려온 공통된 가풍이다. 따라서 먹는데 돈을 아낀다는 생각은 해본 적이 없다. 음식 자체만이 아니라 관련된 다양한 경험을 좋아해서 외식도 즐기고, 독특한 음식에도 자주 도전해보았다. 동시에 꽤 까다로웠다. 아이들을 키우기 시작하고 시골로 이사 오기 전까지는 유기농을 고집했다. 그리고 유행에 따라 건강에 좋은 음식을 가려 먹기도 했다. 풀만 먹인 고기, 자연산 생선, 우유 대신 산양유 같은 것들이다. 심지어 씨가 들어 있는 야채가 좋지 않다고 해서 토마토, 가지 같은 것을 가렸던 적도 있다.

지금 식비는 170만 원에서 50만 원으로 줄었다가 인플레이션이 시작되고 나서는 들쑥날쑥하지만 80만 원을 넘지는 않는다. '먹기 위해 산다, 먹는 데 돈을 아끼지 않는다'라는 근본적인 믿음 빼고는 정말 많은 것들이 바뀌었다. 그중에서도 가장 예상치 못했던 부분이 하나 있다.

아직 시골로 이사 오기 전 어느 날, 볼일이 있어서 낯선 시골 마을을 지나던 중 우연히 처음 본 그로서리 아웃렛이라는 이름의 마트에 들렀다. 허름하고 지저분한 느낌이었는데, 당시 사려던 과자 가격표가 이상했다. 평소 이용하던 마트에서라면 아무리 세일을 하고 쿠폰을 써도 부족할 정도로 쌌다. 신기해서 다른 상품들을 둘러봤는데, 전부 가격이 말이 안 되게 쌌다. '식품도 짝퉁이 있나? 그것도 미국에?' 나중에 찾아보니 여러 주에 지점이 있는 체인이었다. 유통기한이 임박했거나 포장이 손상되었거나, 단종된 상품 등을 모아서 가격을 낮춰 파는 곳이었다. 코로나19로 비행이 거의 취소되었던 때에는 항공사 로고가 찍힌 간식들도 싼값에 팔았다. 항공사에서 기내식으로 제공하려던 식품인 모양이었다.

이 마트를 이용하면서 식비가 많이 줄었다. 하지만 이곳을 이용하는 것은 그렇게 단순하지 않다. 처음에는 이런 의문이 들었다. '똑같은 식품을 이렇게 싸게 파는데 어떻게 일반 마트가 망하지 않는 거지?' 심지어 이 식품점에는 일반 마트에서는 찾기 힘든 고급 유기농 제품도 많다.

시골로 이사 오기 전에는 이 마트의 지점이 우리가 살던 곳에서 그리 멀지 않은 곳에 있다는 것을 알면서도 막상 그곳에 잘 가지 않았다. 그리고 생활비가 빠듯하다던 친구가 마침 그 지점 근처에 살아서 이런 근사한 곳이 있다고 알려준 적도 있었다. 그런데 얼마 후 친구가 말했다.

"몇 번 가봤는데, 아무래도 난 거긴 못 다닐 것 같아. 우리 애가 질색을 하면서 거기에서 장을 보는 게 싫대."

더 이상 묻기 힘들었지만, 추측할 수 있었다. 우리가 돈으로 사는 것은 단지 그 안에 들어 있는 기능만이 아닌 것이다. 옷이나 차처럼 남에게 보이는 것에만 해당되는 이야기가 아니다. 식구들끼리 먹고 말 음식도 돈을 주고 살 때는 음식 이상의 사회 계층적 활동이 된다. 한마디로 말해서 그 가게의 우중충한 조명, 촌스러운 인테리어와 상품 진열, 깨끗하지 않은 주차장을 참아야 싸게 살 수 있는 것이다.

시골로 이사 오면서 이런 문제는 저절로 해결됐다. 이전에 이용하던 유기농 로컬 식품 전문 마트는 아예 없었고 나무가 우거진 도로변에 단출하게 서 있는 시골의 그로서리 아웃렛은 그렇게 초라해 보이지 않는다.

식비가 크게 줄어든 또 다른 이유는 푸드뱅크다. 저소득층에게 무료로 식재료를 제공하는 곳이다. 고등학생이 된 큰아이가 이곳에서 봉사를 시작했다. 마트나 주변 농장에서 팔리지 않는 식품들을 이곳에 기부한다. 그런데 아이가 거의 다녀올 때마다 음식을 한아름씩 가져왔다. 푸드뱅크를 찾은 이용자들에게 나눠주고도 남는 음식들은 바로 폐기되기 때문에 일과가 끝나고 나면 봉사자들에게 최대한 가져가라고 했던 것이다. 하지만 음식을 가져가지 않는 봉사자들도 많다고 한다.

앞에서 말한 아웃렛 식품점이나 푸드뱅크에서 나오는 식품들을 이용하기 위해 필요한 마음가짐이 있다. 무엇이든 주어지는 대로 받는 것이다. 이곳에서는 일반 마트처럼 내게 익숙한 브랜드나 내가 필요한 식품이 언제나 똑같은 상태로 있는 것이 아니다. 어느 날은 파만 한 박스를 가져오고, 어느 날은 유통기한 임박한 치즈를 대량으로 얻게 된다. 그러면 한동안은 정말 파만 먹고, 치즈로만 단백질을 보충하게 된다. 사과가 한 박스 생기면 파이도 굽고, 잼도 만들고, 소스도 만들고, 그리고 한동안 과일은 사과만 먹는다. 끼니때마다 있는 재료를 조합해서 이름도 국적도 없는 요리를 만들기도 한다. 매번 다른 걸 먹게 되는 것이다.

그러기 위해서 냉장고 파먹기는 일상이 되어야 한다. 냉장고 가 항상 비어 있어야 대량으로 받아온 식재료들을 보관할 수 있다. 내 것으로 언제나 꽉 채워져 있으면 받을 수 없다.

그리고 이웃들이 주는 공짜 식품들이 있다. 과일나무나 텃밭 농사를 하는 이웃들이 넘치는 수확물을 나눠준다. 남편이 수영 장에서 파트타임으로 일하며 알게 된 할머니는 가을이면 직접 농사 지은 사과와 배를 잔뜩 준다. 크기는 제각각이고 모양도 볼품없지만 맛은 괜찮다. 할머니의 남편이 과일나무를 무척 좋 아해서 잔뜩 심은 탓에 가을만 되면 과일이 넘쳐나는데 줄 데 가 없어서 고민하다가 우리를 알게 된 것이다. 할머니의 동생 은 가끔 바다에 배를 타고 나가서 잡은 게를 주기도 한다. 우리 도 답례로 빵이나 쿠키를 구워 선물한다.

우리 식생활에 빼놓을 수 없는 것이 야생에서 따먹는 블랙 베리와 야생 봄나물이다. 바로 이 야생 채취가 모든 공짜 식품 들을 받아들일 수 있게 해주는 원동력이다. 자연에서 공짜로 얻어먹지 않았다면 '우리가 돈이 없는 것도 아닌데, 왜 이렇게 까지 얻어먹어야 해?'라고 생각했을 것이다. '내 앞가림은 내 가 한다, 구차해지는 건 싫다, 남한테 폐 끼치는 건 싫다, 세상 에 공짜는 없다' 그런 생각들이 도덕적으로 정당하다고 여겼다. 옛날에는 파티나 모임 후에 남은 음식을 싸주면 절대 받지 않았다. 내가 좋아하는 음식은 정해져 있었기 때문에 아무 음식이나 받아오는 것도 싫었고 짐을 들고 와서 집에서 처리해서 먹는 것도 번거로웠다. 지금은 유혹적인 상품의 가치가 없는 것도, 푸드뱅크에서 쓰레기가 될 남은 음식도, 이웃이 재배한 멍든 과일도, 파티에서 남는 음식도 자연스럽게 수용한다. 사람들이 잡초 취급하고 약이나 트랙터를 써서 없애버리는 야생의 음식을 먹으면서 마음 자체가 달라졌기 때문이다. 풍요란 내가 나의 것을 축적하는 데에 있는 것이 아니라, 자연스럽게 나를 통해 흘러 들어오고 흘러나가는 그 흐름에 있다는 것을 알게 되었다.

야생 식물을 공부하기 위해 읽던 책에서 잊기 힘든 이야기 하나를 읽었다. 저자의 실제 경험이었다. 저자의 친구가 실직을 하고 집 대출금을 내지 못해 집에서 쫓겨나게 되었다. 친구를 찾아갔더니 먹을 것이 없어 굶고 있었다. 무엇보다 그 친구는 삶 전체를 자포자기하고 있었다. 그동안 무기력하고 돈도 없어서 잔디 관리를 하지 않은 탓에 친구 집의 뒤뜰에는 잡초들이 무성했다. 야생 먹거리 식물의 전문가인 저자로서는 다행스러운 일이었다. 바로 그곳에서 잡초들을 뜯어다가 친구와 함께 먹었다. 친구는 오로지 돈 생각만 하다가 몇 달 만에 처음으로 돈 생각을 잊고 풍요롭게 먹을 수 있었고, 그것이 이상하게 힘이 되어 집을 잃고 나서도 살아갈 용기가 됐다고 했다.

요새는 환경보호나 자본주의로부터의 자유 등 다양한 이유로 돈을 쓰지 않고 살아가는 실험을 하는 사람들이 많다. 자급자족을 위한 농사를 짓기도 하고, 마트 쓰레기통에 버려지는 음식을 노리기도 하고, 남는 음식을 나누는 그룹을 만들기도 한다. 이런 이야기들을 읽으면서 '나는 이렇게까지는 못 하겠다'라고 생각했다. 읽기만 해도 귀찮기 짝이 없었다. 한편 이런 생각도 들었다. '그냥 내가 돈 쓰는 게 경제 활동도 되고 좋은 거 아닌가?' 그와 같은 이야기들이 그토록 피로하게 느껴졌던 것은 그 방법 그대로 나도 따라 해야 한다고 여겼기 때문이다. 하지만 이제는 내가 돈으로 사는 것보다 더 많은 것들이 공짜로 널려 있고 그것이 곧 풍요로움임을 알아채야 한다는 것을 알게 되었다. 먹는 것에 있어서 돈을 아끼고 싶은 생각은 없다. 다만 쓰레기로 돌아갈 음식들의 흐름을 우리의 풍요로 바꾸는 것이다. 자연에는 쓰레기라는 개념이 없다. 다시 새로운 생명이 되는 과정일 뿐이다. 한쪽에서는 기아에 시달리는데, 내가 사는 이곳에서는 멀쩡한 음식들이 쓰레기가 된다. 우리가 즐겁고 신나게 먹고 싶은 정도만 쓰레기를 구하고 있다.

식비를 줄이고 쓰레기를 구하는 다른 한 축이 앞에서 말한 '냉장고 파먹기'다. 아무리 식료품을 저렴하게 구해도 그것을 효과적으로 먹지 못하면 결국 쓰레기가 되고 말 것이다. 그러려면 〈냉장고를 부탁해〉같은 예능에 나온 셰프들의 재주가 있어야 할 것 같다. 그들은 남의 가정집 냉장고에 있는 재료만 갖고 15분 안에 맛있는 요리를 만들어내곤 한다. 나는 요리에 대한 그런 전문성이나 센스도 없지만 요리를 무척 귀찮아한다. 그럼에도 식욕은 굉장하고 미식을 사랑한다. 끼니만 때워서는 안 되고 맛있는 걸 먹어야 한다. 능력과 욕구가 이렇게 벌어져 있는데도 우리 가족들은 꽤나 즐겁게 냉장고를 계속해서 파먹고 있다.

방법은 뻔하다. 마치 다이어트를 하려면 덜 먹는 방법 딱 하나밖에 없는 것과 마찬가지로 문제는 방법이 아니라 어떻게 그 간단한 것을 실천하느냐 하는 것이다. 냉장고를 파먹는 방법은 아주 단순하다. 마트에 가지 않고, 배달도 시키지 않는 것이다. 재난 영화의 주인공들이 뭐라도 남은 음식으로 연명하곤 하듯 말이다. 그렇게 정말로 먹을 게 단 하나도 없어질 때까지 버티는 것이다. 쌀과 양념류만 남을 때까지.

굳이 냉장고를 파먹어야 할 이유가 뭘까? 생활비가 대폭 줄어들긴 한다. 냉장고나 부엌 선반들에도 공간이 넉넉해진다. 그러면 넓은 집으로 이사를 가지 않아도 집이 넓어진다. 전기세도 덜 든다. 있는 걸 먹고 장을 보러 가지 않으니 일거리가 줄어들고 여유 시간이 넉넉해진다. 요리뿐 아니라 청소, 설거지, 정리정돈 등 모든 것이 간단해진다. 한번 해보면 놀랍다는 말로는 부족할 정도다. 먹는 데에 우리가 쓰는 시간과 노동, 비용은 무엇을 예상했든 그 정도를 훨씬 넘어선다.

하지만 이런 합리적인 이유와 목표는 냉장고 파먹기를 처음 실천하는 데에 아무런 도움이 되지 않는다. 나나 내 가족 모두 맛있게 많이 먹는 것이 가장 큰 삶의 즐거움이니, '에이 뭐 이렇게까지 해야 돼?' 하는 기분이 된다.

가령 아침에 매일 우유와 시리얼을 먹어왔다고 가정해 보자. 우유가 떨어졌는데 어떻게 하면 사지 않고 기다릴 수 있을까? 몇 천 원짜리 우유를 사지 않고 참으려면 앞에서 말한 거대한 동기는 별로 도움이 되지 않는다. 그래서 첫째, 목표를 잊어야 한다. 대신 나에게 우유가 정말 어떤 기쁨을 주는지 알아보겠다는 마음을 먹는다. 물이나 주스와 먹어보기도 한다. '역시 시리얼은 우유와 먹어야 돼'라는 생각이 들 수도 있다. 하지만 바로 그때 되묻는 것이다. '정말 그럴까? 우유 없이 씹으면 어떤가?' 그렇게 시리얼을 꼭꼭 씹어본다. 나는 이것을 실험이라고 부른다. 실험은 결과를 정해두지 않는다. 시리얼은 무조건 우유와 먹어야 한다는 결론에 도달할 수도 있다. 그래도 실험 전과 후는 달라진다. 시리얼과 우유를 더 의식적으로 더 맛있게 즐길 수 있게 되는 것이다.

하지만 시리얼에 요거트를 곁들이는 것처럼 다른 새로운 맛을 찾게 되는 경우도 많다. 혹은 시리얼 자체를 피하게 되기도 한다. 이전에는 시리얼과 우유를 분명히 좋아했고 맛있게 먹었지만, 거기에는 외부에서 주어진 '시리얼은 우유와 먹어야 한다'라는 조건을 그대로 받아들인 부분도 있었을 것이다. 그리고 그렇게 매일 먹으면서 '맛있음'을 의식하기보다는 그저 습관적으로 먹어왔다는 것도 알게 된다. 시리얼과 우유는 가장 간단한 예다. 다른 반찬이나 식사는 더 복잡하니, 이렇게 의식을 세우고 나만의 맛을 찾기 시작하면 사람마다 다 다른 결과가 나올 것이다. 그렇다고 시리얼과 우유를 절대 먹지 않는 사람이 되느냐? 그건 아니다. 다음번에 장보러 갈 때 우유든 시리얼이든 살 자유가 생긴다. 단지 꼭 먹어야 하거나, 절대 먹지 않아야 하는 건 없다는 것을 하나씩 알아가는 것이다. 순간순간 내게 주어진 자유와 선택의 범위를 깨닫는다. 그러면 시간과 비용의 소모를 줄이고 단출한 삶을 꾸린다는 냉장고 파먹기의 장점과 목표를 추구하는 것과는 다른 차원의 행동이 된다.

왜 이런 실험을 할까? 왜 목표를 잊어야 할까? 군이 애를 써서 냉장고를 파먹기 위한 요리를 하거나, 재료를 소분하거나, 삶의 즐거움을 희생하면서 얼마 없는 의지력을 발휘하고 싶지 않기 때문이다. 이런 삶을 목표로 의식하면 생각처럼 되지 않을 때 과정이 아니라 실패라고 느끼고 결국 울적해진다. 목표를 잊고 먹는 행위에 집중하면 '원래' 식탁이 어떤 모습이어야 하는지, 된장찌개에는 어떤 재료를 넣어야 하는지, 얼마 안에서 식생활을 해결해야 하는지 등의 문제에서 자유로워진다. 오히려 내가 먹는 것들에서 누리는 나만의 즐거움을 세세하게 찾아가게 되면서, 저절로 냉장고를 파먹는 일과 가까워진다.

그러니까 냉장고 파먹기의 본질은 음식을 먹는 것이다. 거기에서 나만의 본질적인 즐거움을 찾는다. 실제로 찾아내든 말든, 찾기 위한 나만의 의식적인 실험들이 이미 즐거움의 시작이다. 아무리 이상하고 시시한 이유라도, 아무리 짧은 순간이라도 온전히 즐거운 몰입의 순간들을 포착해 보면, 내가 정말 좋아하는 것들이나 나라는 사람의 성향과 취향을 이해하게 될 수 있다.

'왜 이렇게 생활비가 적은가?' 그 질문에 대답해보기 위해 관찰하며 깨닫게 되었다. 우리의 생활비가 적다면, 그 이유는 우리가 시골에 살아서만도 아니고 이 악물고 절제를 실천해서가 아니라 삶을 실험적으로 살아가고 있기 때문이다. 이렇게도 살 수 있을까? 궁금해진 것들을 하나하나 시도해보고, 불편이 만든 공간을 인내로 견디는 대신 그 안에 채워진 새로운 경험들을 천천히 받아들여본다

자본주의 사회에서 가족은 소비의 주체다. 공장식 대량생산 이전 농경사회에서 가족은 당연히 생산의 주체였다. 식량 생산

은 물론이고 뭐든 만들어 쓰고, 서비스는 서로 도우며 직접 했다. 하지만 이제는 물건은 물론이고 가사의 거의 모든 영역을 돈을 써서 해결할 수 있다. 우리 가족이 실험을 통해 던지는 질문은 가족이 자본주의의 소비 주체이면서 동시에 생산의 기쁨을 누릴 수 있느냐는 것이다. 과거의 가족들이 그랬던 것처럼 쌀과 밀을 직접 심고 기르고, 목화나 양을 길러 옷감을 만드는 건 우리 능력으로는 불가능하다. 하지만 생산에서 오는 기쁨은 포기하지 않아도 될 것 같았다. 기쁨 또한 우리는 생산으로 규정한다. 과거 부족 사회의 생산은 기본적으로 공동의 행위다. 한 명의 개인으로서 돈을 아끼고, 한 명의 개인으로 사회적 능력을 키워서 자신의 노동의 시장가치를 높여 돈을 많이 버는 일과는 다른 종류의 생산이다. 어떤 것 하나만을 선택해야 하는 건 아닌 것 같다.

5장

부족한 그대로
살아가는 상상력

최고가 아니어도 되는
즐거움

　남편과 비슷한 시기에 수영장에서 수상안전요원으로 일하기 시작한 한 또래 여성이 있다. 이분은 일을 참 잘했고 승진을 해서 이제는 남편의 상사가 됐다. 수상안전요원에 머물렀을 때는 일이 끝나면 수영도 하고 참 즐겁게 살았는데, 승진한 후로는 너무 바빠서 일에 치여 사는 것이 한눈에 보였다. 가끔 하던 농담 따먹기를 할 시간도 없었다. 반면 남편은 승진할 생각은 전혀 없이 일주일에 딱 15시간만 일하면서 일을 즐기고 있다. 소로가 말한 그대로다. "노동하는 인간은 매일 진정한 본모습을 찾을 여유가 없다." 죽어라 일만 하는 게 결코 좋은 게 아니라는 걸 우리는 상당히 희한한 방식으로 깨달았다.

　일을 열심히 하는 게 결코 나쁜 건 아니다. 지금도 나는 언제라도 기회를 만들어 일을 하려고 호시탐탐 궁리한다. 하지만 가끔은 찬란한 여름 하늘을 올려다보면서 즐길 수 있는 여유를 갖고 살아야 하지 않을까?

남편이 대책 없이 회사를 그만두고 어떻게 먹고살지 고민하던 시절의 이야기다. 정확하게 말하자면 남편에게 대책이 없었던 건 아니었다. 나중에 들어보니 대책이 두 가지나 있었다. '어디든 취직이 되겠지, 혹은 박혜윤이 일을 하겠지.' 그러나 두 가지 대책 다 망하고 나서, 생계 걱정을 하던 시절이었다. 우리 적성에 맞는 돈벌이가 뭐가 있을까 이야기하다 내가 "당신은 상상력이 없으니까…"라고 말을 시작해서 이런저런 직업을 얘기했다. 그런데 갑자기 남편이 버럭 화를 냈다. 나는 남편이 도대체 왜 화를 내는지 짐작도 못했다. 방금 전까지 다정하게 대화하고 있었는데 말이다. 왜 화를 내는지 다그쳐 물었더니 남편이 대답했다.

"너 너무한 거 아니야? 어떻게 나한테 상상력이 없다고 그렇게 대놓고 말할 수 있어?"

"응. 대놓고 말하지, 그러면 어떻게 말해야 돼? 뭐가 너무한데?"

"그렇게 비난하는 거."

"그게 어떻게 비난이야? 자기가 상상력이 없어서 쓸모없는 인간이라고 한 것도 아닌데?"

"네가 그렇게 잘났어?"

"그게 무슨 상관이야? 내가 보기에 자기는 상상력이 없어. 나는 상상력은 많지. 하지만 끈기가 없고, 변덕이 심하고, 게으르고, 방향 감각도 없고, 음악성이나 시각적 감수성도 없고. 자기가 이런 내 단점에 대해서 말할 때 나는 화를 안 내잖아. '그래서 넌 인간 쓰레기야'라고 말하는 게 아니고 내 특성이니까 알아두면 좋은 거 아니야?"

"그래도 넌 날 공격했다고."

"당신은 상상력이 대단한데 내가 잘못 판단했다는 거야? 그렇다면 사과할게. 당신 상상력이 뛰어나?"

남편은 잠자코 날 노려봤다. 그래서 다시 물었다.

"내가 '당신은 상상력이 없어서 문제야'라고 하는 게 아니라 상상력이 어떤 식으로 없는지, 그래서 다른 특성으로 어떻게 보충해서 일을 완수하는지, 당신의 고유성이 무엇인지 시시콜콜하게 관찰하고 있잖아. 그런 나의 관찰이 싫다면 앞으로 안 할게. 그리고 사과할게. 당신이 정해. 상상력이 많아? 내가 틀린 거야?"

한참 시간을 끌더니 남편은 들릴락 말락 낮은 소리로 대답했다.

"아니. 상상력 없어."

생계를 위한 돈을 벌고, 사회적 소속감을 확인할 수 있다는 것 외에도 일이 주는 강력한 즐거움이 있다. 그것은 바로 자신의 능력에 대한 자신감이다. 인정 욕구와 비슷하지만 완전히 똑같은 것은 아니다. 이건 일을 잘하는 자신에 대한 만족감이다. 일중독에 빠지는 주요 원인 중 하나 아닐까. 일중독까지는 아니더라도 우리는 기본적으로 어떤 일을 하든 자신이 갖고 있는 최고의 능력을 발휘해야 한다는 전제를 갖고 살아간다. 일의 이러한 특성이 반드시 좋기만 한 걸까?

『월든』의 한 구절을 살펴보자.

노동하는 인간은 매일 진정한 본모습을 찾을 여유가 없다. 다른 사람들과 가장 인간다운 관계를 유지할 여력이 없다. 시장에서 그의 가치가 떨어지게 될 것이기 때문이다. 그는 기계가 되는 것 이외에는 다른 시간이 없다. 자신의 지식을 끊임없이 써먹어야 하는 사람이 어떻게 자신의 무지를 기억할 수 있겠는가? 사람이 성장하기 위해 필수적인 것이 바로 무지를 아는 것인데 말이다. 한 인간을 평가하기 전에 우리는 그를 대가 없이 먹이고 입혀야 한다. 우리 본성의 가장 훌륭한 자질은 과일 껍질에 붙은 과분果粉처럼 가장 섬세하게 다뤄야만 지켜질 수 있다. 그러나 우리는 우리 자신도 남들도 그렇게 살살 다루지 않는다.

그렇다. 우리가 어떤 직업을 가지든, 일을 할 때 배우는 과정이라는 변명이나 실수는 기본적으로 용납되지 않는다. 우리는 일이 요구하는 지식과 능력을 최대한 함양하고 발휘해서 '잘'해야 한다. 돈을 받고 일하는 사람에게 당연하게 요구되는 자세다.

하지만 인간은 그런 존재가 아니다. 정해진 기능에 따라 일을 완수하는 기계처럼 완벽할 수 없다. 장점도 단점도 있는 것은 물론, 그런 장단점이 고정되어 있는 것도 아니고 다른 환경이나 다른 사람과의 관계에서 각기 다른 모습으로 나타날 수 있다. 그렇게 우리는 유일무이한 사람이 된다. 그 과정이 성장이다. 성장이 단지 능력을 키워서 남들보다 뛰어난 경쟁력을 갖추는 것만을 의미하지는 않는다. 그래서 나는 인간이 성장하기 위해 필요한 건 자신의 무지를 기억하는 거라는 소로의 말을 좋아한다.

과일의 과분을 다루듯 섬세하게 다뤄야 하는 것은 나의 능력만이 아니다. 나의 무지, 나의 단점이 포함된 나라는 사람 전체다. 위에 인용한 단락의 원문 첫 줄에는 'integrity'라는 단어가 등장한다. 주로 진실성, 도덕성 등으로 번역되는데, 그 기본적인 뜻은 손상되거나 나눠지지 않은 하나로서 온전히 유지되는 것을 말한다.

일을 잘하는 능력이 과연 진정한 나 자신을 의미하는 것인지 생각할 때마다 내가 떠올리는 예가 하나 있다. 학교를 다니지 않고 평생 떠돌이 노동을 하면서 세계적인 철학자가 된 에릭 호퍼는 『길 위의 철학자』에서 자신이 오렌지 행상을 하던 때의 일화를 들려준다. 호퍼는 어려서 부모를 잃고 시력까지 잃어서 학교에 다니지 못했다. 어느 날 기적적으로 시력을 회복한 그는 너무도 가난해서 수중에 남은 돈이 다 떨어질 때까지 책을 읽다가 죽기로 결심한다. 하지만 그렇게 책을 읽은 그는 죽는 대신 육체노동에 나서고, 그다음에 조금 더 몸이 편하다는 오렌지 행상을 시작한다. 오렌지를 받아다가 사람들에게 파는 일이었다. 그런데 호퍼는 놀라운 발견을 한다. 자신이 집집마다 돌며 오렌지를 영업하는 데 아주 탁월하다는 것을 알게 된 것이다. 육체노동에 비하면 수입이 월등하게 많아졌다. 다른 행상들과 비교해도 확연히 뛰어나서 더 많은 오렌지를 떼어다가 팔라는 제안도 받는다. 번듯한 사업가가 될 수 있는 기회였다. 그런데 그는 오렌지 행상을 포기하고 다시 고된 육체노동을 고집한다. 그는 오렌지를 팔기 위해 갖은 이야기를 끊임없이 풀어내는 자신의 모습에 충격 받았던 것이다. 이후 그는 우연한 계기로 지식인들과 어울리게 되는데, 정규 교육이라곤 받지 못했던 그의 통찰력과 지식은 이들을 압도했다. 그들은 호퍼의 재능이라면 과학계를 바꿔놓을 수 있을 거라 확신하며 함께 공부할 길을 마련해준다. 하지만 그는 연인과 친구들을 떠나 다시 길 위로 돌아간다. 이해하기 쉽지 않지만, 이번에도 이유는 정직성이다. 『월든』에 나온 앞의 단락을 미뤄 생각해보면, 이 정직성은 남을 속이지 않는 것이 아니라, 자기 자신의 온전함을 유지하는 것이라고 추측할 수 있다. 호퍼는 장사의 능력이나 학문 연구 능력이 자신의 모든 것이 되는 것을 거부한 게 아닐까.

우리는 일의 장점을 잘 알고 있다. 경제적 안정은 물론, 개인의 성장에도 사회적 발전에도 일이 필수적이라는 데 의문의 여지가 없다. 자본주의의 소산이든 아니든, 우리 모두에게 일을 하고 싶은 강렬한 욕구도 있다. 따라서 소로의 주장을 일을 때려치우자는 뜻으로 이해해서는 안 된다. 다만 누구나 인생의 어느 시기에서건 백수가 되는 것을 피할 순 없다. 현재 우리가 살고 있는 사회에서 그런 일은 더욱 잦아질 것이다. 이 기간은 짧을 수도 있고, 평생 지속될 것처럼 길 수도 있다. 피할 수 없다면 직업 밖의 나는 누구인지, 그 열린 시간의 의미는 무엇이고 어떻게 보낼 것인지 적극적인 고민이 필요하다. 단지 다음 직업을 찾기 위해 애를 쓰고 불안해하며 보내기에는 아까운 시간이다.

남편도 일에 지쳐 자발적으로 회사를 그만뒀지만, 비자발적으로 다음 일자리를 찾는 것이 어려워졌다. 남편은 이 기간 동안 자신의 부족함을 알아갔다. 일할 때는 능력 있는 직장인으로 살기 위해서 절대로 인정할 수도, 인정할 필요도 없는 자신 안의 어떤 부분들이었다. 소로의 말처럼 일을 하는 동안에는 자신이 가진 능력을 최대한 발휘하기만 하지, 자신의 부족한 점을 돌아볼 필요는 없으니까. 우리는 남편의 상상력 부족을 고쳐야 할 결점이 아니라, 다른 장점과 어떻게 어우러지는지 어떤 종류의 상상력인지를 세밀하고 섬세하게 알아가는 시간들을 보냈다. 남편은 지리적 상상력은 뛰어나지만 체계를 머릿속에 그려내는 능력은 부족했다. 대신 지금 주어진 일을 꼼꼼하게 챙길 수 있었다. 이렇게 우리는 서로의 장점뿐 아니라 단점까지도 투명하게 관찰하기 시작했다. 그것이 소로가 말한 "가장 인간다운 관계"라는 생각이 들었다. 이제 우리는 나 자신의 능력만이 아니라, 단점도 세밀하게 깨우치며 할 수 있는 일들을 천천히 찾아가고 있다.

지금은 적성에 맞는 일, 내가 잘할 수 있는 일에 그렇게 집착하지 않는다. 일이 힘든 건 적성에 맞지 않아서가 아닐 수도 있다는 것을 알게 됐다. 남의 일을 방해하지 않는 정도에서 일차적으로 만족하고, 그 후에는 최선이나 최고보다는 내 단점도 함께 수용하면서 적당히 일을 하려고 한다. 어쩐지 이제는 무슨 일도 즐겁게 할 수 있을 것 같다. 똑부러지게 일 잘하는 사람이 되려고 하지만 않으면 말이다.

답 없음의
정답

　나의 치명적인 결점 중 하나. 마무리를 잘 못한다. 끈기가 없다고 해야 할까, 아니면 뒷심이 부족하다고 할까? 무슨 일을 해도 처음에는 돌진한다. 그러다가 처음 집중과 열정이 끓어오르는 속도만큼 빠르게 집어치워 버린다.

　공부를 못한 건 아니지만, 항상 마지막 정리를 하지 않아서 쉽게 올릴 수 있는 점수를 놓쳤다. 에세이를 제출할 때는 오타를 수정하고 문장을 다듬는 게 귀찮아서 그냥 내버렸더니 점수가 깎였다. 일할 때도 윗사람을 설득하기 위해 간단한 부속자료를 끼워 넣었으면 좀 더 인정받을 수 있는데, 모르는 척 넣지 않았다. 이런 습관을 고치려고 노력도 해봤는데 이상하게 그 순간이 되면 오로지 도망가고 싶다는 생각밖에 들지 않는다.

그래서 완벽주의자들을 항상 부러워해 왔다.

남편은 완벽주의자다. 그런데 남편의 완벽주의 때문에 이를 박박 갈면서 살고 있다. 남편은 모든 게 완벽하게 계획이 서지 않으면 시작하지 않는다. 그러니 내 눈에는 미루는 것처럼 보인다. 글을 쓸 때만 해도 그렇다. 나는 그냥 한 문장만 떠올라도 괴발개발 쓰기 시작하지만 남편은 글을 쓰기 전에 설거지도 완벽하게 해 놓아야 하고, 책상도 정리해야 하고, 무엇보다 쓰려는 글의 개요와 자료조사가 완전하게 끝나 있어야 한다.

예를 들면 시골로 이사 가는 일도 이런 식으로 전개됐다. 나는 시골에 이사 가는 것에 대한 구체적인 계획도 없이, 심지어 시골행에 대해 마음을 정하지도 않은 상태에서 일단 부동산 공부부터 했다. 마치 당장 살 것처럼 진지하게 말이다. 남편은 이때 격렬하게 화를 내고 거부했다. 내가 아무리 "공부만 하고 이사는 안 갈지도 모르는데 그냥 하는 거야. 중간에 그만둘 거야"라고 설명해도 소용이 없었다. 그렇게 계획도 없이 덤벼드는 것이 불편하다고 했다. 그러다가 덜컥, 정말 마음에 드는 물건을 만났다. 이때부터 피 말리는 협상이 시작됐다. 미국 부동산 거래에서 협상해야 하는 항목은 정말 미치도록 많다. 많을 뿐만 아니라 물건의 성격에 따라 협상 내용 자체가 달라진다. 가격을 정하는 건 오히려 간단한 일이다. 스타벅스에서 커피 한 잔을 시키면서 우유 지방 함량부터 설탕의 양, 물의 온도까지 조절해 달라고 하는 미국 문화가 부동산 거래에서도 여지없이 적용된다.

아주 사소한, 마지막 한 가지 조건에 대한 협상을 해야 하는 시점에서 나는 또 무조건 도망가는 병이 도지고 말았다. "다 포기해야겠어. 이 물건도 포기하고, 이제 시골 집 사는 일도 끝이야." 이때 남편이 나타났다. 비록 자신이 시작한 일은 아니지만, 완벽하게 마무리를 해야 하는 성격이 발동한 것이다. 내가 자빠져서 다른 새로운 프로젝트를 궁리하고 있는 동안 남편은 거래당사자들을 달래서 거래를 완결시켰다.

매사가 이런 식이다 보니, 둘 다 혼란에 빠질 수밖에 없다. 서로를 견딜 수 없이 미워하고 또 부딪치면서 우리는 같은 생각을 하게 됐다. '완벽을 대하는 나의 성격이 문제고 그렇지 않은 사람을 부러워했는데, 나와 다른 것도 문제네.' 그렇다고 '내가 괜찮구나'라고 할 수도 없었다. 오히려 상대와 비교해 보니 내가 가진 문제가 더 선명하게 보였다. 예전에는 비록 실천은 못 하더라도 '나의 단점을 고쳐야 할 텐데, 이것만 고치면 좀 더 나은 사람이 될 거야'라고 생각했는데, 그 마음이 더 복잡해진 것이다. 도대체 알 수가 없다. 완벽주의도 별로고, 완벽주의를 내팽개쳐도 별로이니.

답 없음의 정답을 안겨주는 『월든』에서 이런 구절을 찾았다.

왜 우리는 성공을 향해 그토록 성급하게 달리는 걸까? 어떤 사람이 다른 사람들과 보조를 맞추지 않는다면, 그가 다른 리듬의 북소리를 듣고 있기 때문일 것이다. 그가 듣는 음악에 맞춰 걷도록 하자. 사과나무나 떡갈나무와 같은 속도로 자라는 것은 중요하지 않다. 그는 봄의 시간을 지나고 있는데, 굳이 여름이 되어야 할까?

각자 타고난 모습대로, 자기만의 속도로 살아야 한다는 그런 이야기다. 그 자체로 타당하지만 마음이 그다지 밝아지진 않는다. 이어서 소로는 이야기 하나를 들려준다.

쿠루라는 도시에 완벽을 추구하는 예술가가 살았다. 예술가는 완벽한 지팡이를 만들기로 결심한다. 이 예술가는 완벽하지 않은 작품에는 시간이 하나의 요소가 되지만, 완벽한 작품에는 시간이 얼씬도 못 한다는 것을 생각하며 스스로에게 되뇌었다. "평생 나는 아무것도 하지 않고, 오로지 모든 면에서 완벽한 작품을 만들 거야." (…) 그가 시간과 타협을 하지 않자 시간도 그를 어쩌지 못하고 멀찍이 물러나 한숨을 내쉴 수밖에 없었다.

그는 무한의 시간이 흐르는 동안에도 오로지 완벽한 지팡이

240

하나를 만드는 데에 집중한다. 그리고 드디어 만들어낸다!

그는 지팡이를 만드는 새로운 시스템을 만든 것이다. 도시도 왕조도 사라질 정도로 오랜 시간이 지난 자리에 남은 그가 만든 시스템은 더욱 완벽하고 아름다웠다.

여기서 반전이 일어난다. 예술가는 자신이 시간을 착각하고 있었음을 깨닫는다. 영원에 가까울 정도로 오랜 시간은 사실 겨우 찰나의 시간이었음을.

소로는 완벽을 성공과 반대되는 개념으로 봤다. 그는 이 둘의 차이를 시간의 측면에서 설명한다. 성공은 미래에 있다. 그러니 우리는 그곳을 향해 남들처럼, 혹은 남들보다 빨리 달려가야 한다. 반면 완벽은 찰나의 순간, 바로 이 순간에 있다. 미래가 아닌 바로 이 순간, 시간이란 녀석을 저 멀리 떼어놓고 한숨 쉬게 만들면 그 자체로 완벽에 도달한 것이다.

모두 각자의 속도로 성장한다. 충분히 봄의 성장을 이루고 나면 여름이 오고, 뒤이어 가을과 겨울이 따라올 것이다. 하지만 더 중요한 것은 성장보다도 봄, 여름, 가을, 겨울 중에 어느 한 계절만이 성공이고 더 좋은 것이 아니라는 점이다.

남편과 나는 더욱 각자의 완벽을 추구하기로 했다. 내가 새로운 아이디어에 대책 없이 몰입하는 순간을 영원으로 여기고,

남편은 내가 벌여놓고 도망가 버린 것들을 주워담으면서 자기가 벌인 일처럼 집중하는 것이다. 완벽은 결과나 성공 여부에 있는 것이 아니라 시간의 독촉으로부터 자유로운 것임을 깨닫게 된다.

이후 나는 남편에게 말한다.

"당신은 완벽한 남편이야. 내게는 세상에서 가장 짜증나는 인간이지만, 남편으로서는 완벽해. 아무것도 바꾸지 않아도 돼. 나는 당신에게 계속 화가 날 거고, 이해를 못 할 테지만, 그럼에도 당신은 남편으로서 완벽해."

마찬가지로 우리는 더 좋은 부부관계를 향해 가는 것이 아니라, 남편으로 이 순간에 존재하는 것으로, 그리고 나 역시 아내로서 나의 진심을 다해 화를 내는 것에 몰입하는 것만으로도 완벽하다는 것을 깨닫게 된다. 바꾸려는 의지는 곧 시간을 끌어들이는 것이니까.

복잡한 세상을 살아가는
결론

예전이나 지금이나 내가 하는 고민이란 게 대체로 이렇다.

청소년 시절에는 공부해야 하는데 연애나 하면서 놀아도 될까 고민했다. 공부를 못하면 성적이 나쁠 테니 나중에 후회할 것 같았다. 20~30대에는 전업주부가 되어 애를 키우면 커리어도 되찾을 수 없고, 경제적으로도 더 힘들어질까 봐 고민했다. 40대에 되어서는 정규직을 버리면 수입이 줄고, 그러면 돈이 모자라서 곤경에 처할지도 모르니 한 살이라도 젊을 때 벌어야 하지 않을까 걱정했다. 혹은 애들더러 공부는 중요하지 않으니 신나게 놀라고 하고 싶은데 그러면 애가 공부를 안 할 테고, 나중에 먹고사는 게 힘들어지지 않을까 고민했다. 사실 케이크한 조각을 놓고도 종종 망설였다. 이런 걸 먹어 버릇했다가 살이 찌거나 성인병에 걸리면 어쩌나 싶었다.

'사느냐 죽느냐 그것이 문제로다'라고 했던 햄릿의 고민이 그토록 유명한 건, 아마도 사람들의 고민이라는 게 심각성은 달라도 죄다 이런 식이라서 그런지도 모른다. A와 B 중에 하나를 선택하고 나머지를 포기하는 것, 혹은 A를 하는 것이나 A를 하지 않는 것. 각각의 결과를 예상하면 장단점이 확실해진다. 그러면 이러지도 저러지도 못하게 되는 것이다. '아, 사는 건 이리 어렵구나. 어쩔 수 없지.' 한숨이 절로 나온다.

그런데 어쩔 수 없는 게 아닐 수도 있다는 생각이 퍼뜩 들었던 건 어떤 역사책을 읽으면서이다. 철학서나 자기계발서가 아닌데도 나 자신을 생각해 보게 되고, 추리소설이 아닌데도 궁금해서 참을 수 없는 질문들을 던지고 그 답을 찾아가는 책이었다.

인류학자 데이비드 그레이버David Graeber와 고고학자 데이비드 웬그로David Wengrow가 함께 쓴 책『모든 것의 새벽The Dawn of Everything』으로, 아마 국내에는 아직 소개되지 않은 것 같다.

저자 약력부터 신기했다. 인류학자와 고고학자가 함께 쓴 책이라는 건 평범한데, 출간 전에 세상을 떠난 인류학자 데이비드 그레이버는 스스로를 아나키스트 활동가라고 소개한다. 이 대목에서 멈칫했다. 정치철학에 문외한인 나에게는 아나키스트, 즉 무정부주의자라고 하면 정부 공공건물에 폭탄을 설치하는 과격 테러리스트의 이미지가 떠오르니까. 하지만 책을 읽다 보면 '정부는 없어져야 하는가 아니면 존재해야 하는가?'라는 질문 자체가 잘못일 수도 있다는 생각을 하게 된다. 마치 앞에서 말한 고민들이 실은 고민이 아닐 수도 있는 것처럼.

책은 말한다. 인류의 현재가 잘못된 건 분명하다. 가장 근본적인 문제는 빈부의 격차다. 인류 전체가 먹고 남을 만큼 식량이 생산되고 있는데도 굶어 죽는 사람이 상당하니까. 그렇다고 기아를 걱정하지 않아도 될 정도의 사람들이 부른 배를 두드리며 신나게 잘사느냐? 굶는 사람들 걱정까지 가기도 전에 '내 코가 석자'다. 이들 또한 상대적 빈곤감과 경쟁에서 도태될지도 모른다는 불안, 즉 미래의 가난에 대한 공포에 시달린다.

식량 생산뿐 아니라 기술력과 물질적 풍요는 폭발적으로 늘어나는데 도대체 뭐가 문제일까? 그 근본 원인을 파헤치기 위해 많은 학자들이 인간의 본성과 사회가 형성되고 발전하는 역사를 탐구했다. 그 많은 논의들의 큰 뼈대는 둘로 나뉜다.

첫 번째는 18세기 프랑스 철학자 장자크 루소. 성선설의 대표 주자다. 원시시대에 인간은 수렵채집 또는 유목 생활을 하면서 자유롭게 살았다. 그런데 농업이 시작되면서 한곳에 모여 살게 되고, 모여 사는 사람들의 질서를 유지하기 위해 계약이 필요하게 되어 그것이 정부가 된다. 거기에 농업으로 잉여 생산이 생기면서 빈부의 격차와 착취가 태어났다는 것이 요지다.

두 번째는 17세기 영국의 정치 철학자 토머스 홉스. 성악설을 주장한 그는 인간의 자연 상태는 만인의 만인에 대한 투쟁이라고 봤다. 홉스에 의하면 원시시대는 자기 생존만을 위한 처절한 무법 상태였다. 이 무법 상태를 벗어나고자 사회 조직이 필요했고, 그에 따라 정부, 그리고 지배와 피지배가 생긴 것이다.

저자들은 두 가설 중 하나를 지지하는 대신 다른 질문을 던진다. '이 질문이 왜 중요한 거지?' 루소와 홉스라는 두 천재가 갑자기 천재적인 이론을 덜컥 내놓은 것이 아니다. 당대의 모든 사람들이 비슷한 의문과 생각을 품고 있었다. 이들의 천재성은 그 보편적인 생각을 명확하게 포착한 데에 있다.

이 시대는 유럽인들이 신대륙에 상륙해서 원주민들과 만나 본격적으로 서로의 언어와 문화가 접촉하던 시기였다. 유럽인들이 그들을 무자비하게 진압하고 몰아낼 수 있었던 것은 유럽의 물질적·기술적 우위 덕분이었다. 그래서 유럽인들은 자동적으로 원주민들을 발전이 뒤처진 미개한 집단으로 판단했다.

하지만 그 판단은 심각한 오류였다. 원주민들의 철학적·논리적 사고력은 어쩌면 유럽인들보다 더 앞서 있었다. 원주민들은 유럽인들의 삶과 문화, 그리고 정치 체계를 강력하게 비판했다. 루소와 홉스의 질문은 이런 비판에 대한 반응에서 비롯됐다. 원주민들이 보기에 유럽인들은 극소수의 종교 지도자나 왕, 귀족의 압제에 신음하며 아무런 자유 없이 인간답지 않은 삶을 살고 있었던 것이다. 원주민 사회에 상하 관계가 없었던 것은 아니다. 하지만 그럼에도 불구하고 이들이 유럽인들의 모습에서 도무지 이해할 수 없는 것이 있었다. '어떤 사람이 부자라고 해서 어떻게 덜 가진 사람들을 마음대로 부릴 수 있는가?'

유럽인들은 원주민들의 삶과 사회가 원시적인 형태라고 전제한다. 역사는 미개하고 단순한 것에서 복잡한 것으로 발전하고 진화한다는 것이다. 그런 관점에서는 아직 철기도 쓰지 않았던 신대륙 원주민들의 사회가 기록 문자와 복잡한 지배 체제를 가지고 물질적 생산과 기술을 발전시키고 있는 유럽의 발전 단계에 도달하지 못했다고 볼 수밖에 없었다. 그들이 원시상태나 다름없다 믿었던 원주민들 중에는 전쟁을 일삼는 호전적인 부족도 있었고 상호부조를 하며 평화롭게 살아가는 부족도 있었으니 성선설과 성악설이 나온 것이다.

유럽인들은 물질적 부의 축적과 기술의 발전 이외에 다른 기준을 상상할 수 없었다. 원주민들을 농업 혁명을 이루지 못하고 복잡한 통치 구조를 구축하지 못한 원시인이라고 생각한 것은 전적으로 유럽인들의 상상력이 부족했기 때문이었다. 모든 부족들이 비슷한 사회와 삶의 형태를 가진 것도 아니고, 하나의 부족도 역사적으로 일관된 시스템을 채택한 것도 아니었다. 확실한 건 수많은 부족들이 자신들 삶의 방식을 꾸준히 바꾸어 왔다는 것이다. 시간, 환경, 계절… 많은 요소에 따라 이들은 다른 시스템으로 살아갔다. 농업을 시작하는가 하면 다시 채집으로 돌아가기도 했다. 강력한 리더를 따를 때도 있었지만 대체로 모두가 자신의 뜻대로 움직이는 시기도 있었다. 소수의 부족으로 살아가는가 하면 대집단을 형성해 한곳에서 살아가기도 했다. 그들은 농업이나 정치 제도를 몰랐던 것이 아니다. 단지 주변 환경에 맞추어 다양한 삶의 방식을 실험을 했던 것이다. 그들에게 가장 중요한 가치를 지닌 건 자유였고, 그 자유에 더 가까운 삶을 선택했다. 바로 이 부분이 유럽인들이나 지금의 우리가 상상조차 하지 못하는 지점이다.

그렇다면 자유를 선택한 그들은 굶어 죽었을까? '자유냐? 빵이냐?' 그런 질문이야말로 물질과 기술만을 절대적 기준으로 생각하는 사람들이 할 수 있는 질문이다. 원주민 지배층은 축적된 부를 덜 가진 사람들에게 명령을 내리는 데 쓰지 않고 그들이 굶지 않도록 하는 데 썼다. 이들은 특별한 도덕성을 가진 사람들이었을까? 그렇지 않다. 단지 한 사람 한 사람의 자유가 가장 중요한 가치였고, 그것을 지키는 것이 집단의 존재 이유였기 때문이다.

여전히 이해하기가 쉽지 않다. 언뜻 실패한 공산주의 실험이 떠오르기도 한다. 하지만 이들의 생각은 공산주의와 출발부터 다르다. 이들은 공산주의처럼 물질적인 평등을 추구한 것이 아니다. 평등은 애당초 이들의 관심사가 아니었다. 하나의 예를 들어보자.

어떤 원주민 사회에서는 지배계층의 남자가 다수의 아내를 거느릴 수 있었다. 양성차별과 억압적 사회체제의 전형이라고 느껴진다. 그들이 다수의 아내를 거느린 주요 목적은 아내들이 다른 사람을 돌보도록 하기 위함이었다. 그렇다면 여자가 착취당한 걸까? 여자들은 언제든 자유롭게 이혼을 하고 다른 남자를 찾을 수 있었다. 혼자서 살 수도 있었다. 그들의 사회는 터부나 돈 때문에 참고 살아야 하는 사회가 아니었다. 그러면 성적으로 방종하게 되지 않을까 걱정되는가? 바로 이런 반사적인 반응이 현대사회를 살아가는 우리 상상력의 부재를 증명한다. 기초적 생계가 보장되어 자유로워지면 사람들이 모조리 타락하고 일도 하지 않고 사회가 후퇴할 거라는 틀에서 좀처럼 벗어나지 못한다. 그렇다고 생계에서 자유로워졌을 때 누구나 자발적으로 훌륭한 삶을 산다는 이야기도 아니다. 그런 사람도 있고 아닌 사람들도 있다.

원주민들 역시 특별히 선하거나 악하지 않았다. 그들이 유럽인보다 미개했던 것도, 뛰어났던 것도 아니다. 대신 그들에게는 유연성이 있었다. 개개인이 자유로워야 한다는 가치를 실현하기 위해 실험을 했다. 전쟁이 벌어질 때면 호전적이고 강압적인 리더를 뽑아 그에 맞는 정치 체제를 만들었고, 평화로운 시기에는 온화한 리더들로 대체했다. 식량이 많은 계절과 굶주림을 피할 수 없는 계절에도 각기 다른 형태의 일상과 정치를 채택했다.

또 하나의 예를 들어보자. 살인이나 절도 등 범죄를 저지른 개인은 어떻게 해야 할까? 당연히 처벌을 하고 대가를 치르게 해야 한다. 그러지 않는다면 모조리 범죄자가 될 것이다. 그건 현대를 살아가는 내 생각이다. 다른 가능성은 떠오르지 않는다. 그런데 원주민 사회에서는 이런 범죄행위를 사회 전체의 문제라고 생각했다. 사회가 피해자에게 보상한 다음, 범죄자는 사회 전체에서 감시를 하고 가르쳤다. 역시 상상하기 어렵다. 워낙 소수의 사람이 모여 살았기 때문에 그런 건 아닐까 하는 의심이 들지만, 이런 제도는 엄청나게 인구가 밀집되어 있었다는 고고학적 증거가 뚜렷한 사회들에서도 존재했다.

저자들은 이런 역사적 증거들을 제시하면서 묻는다. 인간이란 어떤 존재인가? 인간은 선하지도 악하지도 않다. 다만 자신의 과거를 돌아보고, 다른 시도들을 해보고, 다양한 가치를 추구할 수 있고, 그런 상상을 할 수 있는 존재라고 말한다.

나는 여기서 상상이란 뭘까 생각했다. 아이에게 공부를 시키지 않으면 미래에 어떻게 될까? 지금 돈을 벌지 않으면 어떻게 될까? 이런 상상은 우리를 불안하게 하고, 공포에 질리게 만든다. 하지만 공부를 하거나 하지 않고, 돈을 벌거나 벌지 않고 대가를 치르는 양자택일의 선택이 아니라 그런 선택 밖의 삶을 떠올리는 것도 상상으로 가능하다. 아직 방법은 모르지만 공부를 하든 말든 살아갈 수 있고 삶을 즐길 수 있는 가능성을 그려 보는 것이다.

그보다 더 중요한 게 있다. 사실 시켜야만 공부하는 아이는 공부만이 유일하고 중요하다는 가치에 온 힘을 다해서 상시 저항하고 있는 것이나 마찬가지다. 그렇다면 그 아이는 놀면서도 마음 한편에서는 하지 않은 공부를 늘 의식하여 스트레스를 더 받게 된다. 공부가 중요한 가치가 아니라면 오히려 공부를 하거나 하지 않는 게 그렇게 중요하지 않게 된다. 어려운 얘기다.

불안과 걱정이 아니라 희망과 목표에 대해서도 다른 종류의 상상을 적용해 봤다. 우리는 바라는 바에 대해 상상한다. 내가 돈을 100억 원만 벌면 아무 걱정이 없어지는 상상, 내가 100만 부 베스트셀러 작가가 되면 행복해질 거라는 상상. 그런데 중요한 건 아직 상상하기 어려운 그 무엇을 상상해 보는 것이다. 이루면, 또는 가지면 온전히 행복해지는 것이 아니라, 지금은 몰라서 원할 수도 없는 다른 것들을 갈망하는 나를 상상한다. 내가 진짜 원하는 것은 여전히 저 너머에 있을 거라는 상상 말이다. 그런 미래를 가늠할 수 있을 때에라야 비로소 희망과 목표가 없어도 무언가를 할 수 있게 된다.

남편과 내가 앞으로 인생을 어떻게 살아야 할까 이야기하다가 마지막에 내리는 결론은 항상 같다. '아무렇게나 되는대로 방탕하게 살자.' 그러면서 우리 스스로도 웃는다. "방탕하게 살자면서 맨날 집밥 해먹고, 재활용, 재사용하고, 술도 커피도 끊고, 운동하고, 이게 뭐냐?"

저자들의 설명에 따르면 우리가 원하는 방탕한 삶은 인간 본연의 모습이다. 그것은 바로 상상의 나래를 상상할 수 없는 것까지 펼쳐서 많은 것들을 시도해 보는 것, 그리고 아닌 것은 바꾸고 괜찮은 것도 더 이상 괜찮지 않게 되면 바꾸는 '유연성'이라는 걸 새로이 알게 됐다. 그러니까 술을 마시지 않는 것이나 공부를 하는 것 등, 그 어떤 것이 바람직하거나 나쁘다고 정해지지 않았다는 관점이다. 공부도 해보기도 하고 안 해보기도 하고 술도 마시기도 하고 안 마시기도 하는 그 자유가 좋은 것이다.

저자들은 자유에 대해 이렇게 정리한다. 유럽인들에게 자유는 물질적·기술적으로 남들 위에 올라섬으로써 그들을 부리는 데서 나온다. 즉 타인의 자유를 희생해서 얻어지는 자유라는 뜻이다. 반면 원주민들에게 있어서 자유는 자발적으로 복종하기도 하고, 자발적으로 떠나기도 할 수 있는 그런 것이었다. 한사람 한 사람의 자유가 모든 사람의 자유와 연결되는, 그런 자유 말이다.

어쩔 수 없는 건
아니다

독자의 메일 한 통이 도착했다. 그는 아이의 공부에 대해 엄마로서 어떤 마음을 가져야 하는지 혼란스럽다고 고민하고 있었다. 아이가 자유롭게 호기심을 펼치면서도 스스로 선택해서 하고 싶은 걸 할 수 있도록 돕고 싶다고 했다. 하지만 동시에 공부라는 건 하기 싫은 것도 끝까지 해내는 과정을 배우고 지적인 발달을 이루기 위해 꼭 필요한 과정이 아닐까 하는 염려도 하고 있었다.

나는 이 두 마음이 연결되어 있다고 생각한다. 바로 앞의 글에서 말한 어떤 자유를 원하느냐에 대한 것이다. 공부를 열심히 해서 사회에서 인정하는 능력과 지위를 가질 수 있는 것도 자유다. 하지만 다른 종류의 자유를 추구했던 원주민들의 역사를 통해 둘 중 하나를 택하지 않는 가능성을 엿보았다. 공부를 하지 않아 머리가 나빠지거나 열심히 공부해 자신의 다른 잠재적 재능을 억누르는 것 중 하나를 골라야 하는 일이 아닐 수도 있다는 것이다.

원주민들의 선택에 대해 좀 더 자세히 살펴보자. 우리가 의심 없이 받아들이는 인류의 역사는 대략 이렇다.

원시시대에는 인구가 적어서 소규모 부족 단위로 살았고, 먹을 것을 찾아 옮겨 다니는 수렵과 채집 생활을 했다. 이때는 주로 빈둥빈둥 놀면서 자연에서 저절로 나는 음식을 풍요롭게 즐겼다. 그러나 무법 무지한 상태이니 수시로 전쟁이 일어나 잔인한 살육이 벌어졌고 혹독한 굶주림도 겪어야 했으며 자연의 위험에 대책 없이 노출되기도 하다가 농업기술이 발생했다. 이동하지 않아도 더 많은 식량을 생산할 수 있게 되자 인구가 늘었고, 잉여 생산도 쌓였다. 그에 따라 통치제도와 지배계층이 생기면서 착취가 발생하게 되었다.

여기서 가장 중요한 메시지를 한마디로 표현하자면 이렇다. '어쩔 수 없다.' 현재 빈부격차와 착취 문제, 지구환경 파괴 문제 등은 역사 발전 과정상 어쩔 수 없는 결과인 셈이다. 이 관점에서는 인류 역사를 단순하고 미개한 원시 상태에서 복잡하고 풍요로운 현재로의 발전한 과정으로 본다. 그러니 아무리 문제가 심각해도 "그럼 원시 상태로 돌아가도 좋단 말이야?"라고 하면 입을 다물 수밖에 없는 것이다.

그러나 『모든 것의 새벽』은 어쩔 수 없는 게 결코 아니라고 주장한다. 지금의 역사관이 최초로 시작된 것은 유럽인들이 신대륙에서 원주민 사회와 삶을 접하면서였다. 원주민들은 물질적으로 그리고 정치사회적으로 명백히 열등해 보였는데, 어째서인지 그들 나름대로 '잘' 살고 있는 것 같았다. 게다가 '무지한' 원주민들이 유럽인들은 상상하지도 못한 유려한 논리로 유럽인들의 사회와 삶을 조목조목 비판하기까지 했다.

원주민들은 농업기술과 정치사회를 발달시키는 단계에 도달하지 못했던 원시인들이 아니었다. 그들은 농업과 지배 체제를 포함해서 다양한 사회적·정치적·기술적 실험들을 하면서 의식적인 선택을 한 것이다. 농업이나 정교한 정치 체제가 없었던 것도 그런 선택 중 하나였다. 왜냐하면 그들에게 가장 중요한 가치는 개개인의 자유였으니.

우리는 이들의 운명을 너무도 잘 알고 있다. 원주민들은 유럽인들에게 처절하게 전멸당했다. 그러자 '결국 어쩔 수 없는 거 아닌가?'와 같은 생각이 스멀스멀 올라왔다.

유럽인들이 너무도 당당하게 원주민들을 쫓아낼 수 있었던 건 원주민들이 그 땅의 주인이 아니라고 생각했기 때문이다. 유럽인들은 전쟁을 해서 땅을 뺏은 것이 아니었다. 그저 빈 땅을 차지한 것뿐이었다. 유럽인들이 보기에 원주민들에게는 땅에 대한 권리가 없었다. 원주민들이 아무것도 하지 않고 자생하는 열매를 따거나 야생동물을 사냥해 먹고 이리저리 떠도는 것처럼 보였으니.

여기에 근본적인 세계관의 차이가 있다. 사적 소유란 과연 무엇인가? 유럽인들에게 적법한 사적 소유는 땅을 개간하고, 갈고, 건물을 짓고, 무언가를 심고 기르는 행위들이었다. 소유권의 핵심은 '내 마음대로 할 수 있다'는 것이다. 나의 허락 없이는 누구도 내 소유의 땅이나 물건을 사용해서는 안 되며, 따라서 내가 내 것을 망치거나 어떤 짓을 하는 건 괜찮다.

우리에게는 너무도 당연하게 들리는 이 개념이 결코 당연한 게 아니었던 것이다. 원주민들에게도 사적 소유의 관념은 있었다. 그런데 그것은 엄청나게 한정된 범위인 신성神聖에 관련된 것에서만 적용됐다. 일정한 장소나 제의와 관련된 물건은 비밀리에 간직됐고, 그것을 알려고 하거나 침범하게 되면 죽음에 상응하는 벌이 내려졌다.

그렇다고 나의 땅이나 작물이 없었던 것은 아니다. 그들은 유럽인들의 생각처럼 아무것도 하지 않았고 빈둥빈둥 살지 않았다. 유럽인들은 알아보지 못했지만 원주민들의 수렵과 채집은 되는대로 한 것이 아니었다. 어디에 어떤 동식물이 있는지 알았고, 그것을 올해 따먹으면 내년에도 먹을 수 있도록 관리했으며, 그 관리를 한 사람만이 그 땅에서 난 것을 먹을 수 있었다.

그런데 왜 이것이 소유권이 아닐까. 이 일은 농사보다 힘들 수도, 편할 수도 있었지만 그 노동을 했다고 땅도 동물도 내 것이 되지 않았다. 그들은 다만 돌보고 관리했을 뿐이었다. 그것은 내 마음대로 다른 사람이나 다른 동식물들의 권리를 제한하는 소유와는 완전히 달랐다.

사적 소유는 인간의 원초적인 욕망이다. 그러면 원주민들은 사적 소유를 어떻게 제한했을까. 땅을 포함해 자연의 소유자는 동식물로 표현되는 정령이었다. 각 부족마다 따로 섬기는 동식물이 바로 그것이다. 그리고 인간은 식량과 안전을 확보하기 위해서 그 자연 상태를 돌보고 가꾸었다. 또한 계획적으로 토착 동식물을 관리했다. 유럽인들처럼 토착 동식물을 쫓아내고 어떻게든 나에게 필요한 당장의 수확량을 최대로 끌어올리는 농사는 아니지만, 그렇다고 우리가 생각하는 완전한 수렵과 채집도 아닌 셈이다. 원주민들의 자연 숭배는 미개한 토속 신앙 정도로 여겨졌지만 실은 사회와 생산의 관계를 고려한 고도의 선택이었다.

우리 동네에서 일어난 사건이다. 미국의 졸업 시즌인 6월 전후로 고등학생들의 파티가 많다. 그런 어느 날, 졸업을 앞둔 고3 학생 한 명이 파티가 벌어진 친구네 집에서 새벽 5시 무렵에 나왔다가 길을 잃고 한참 헤맸다. 그러다 어딘가로 가서 문을 두드렸다. 친구 집으로 착각했던 것이다. 집주인은 총으로 이 아이를 쏘았고 아이는 병원으로 이송됐지만 죽었다. 그런데 집주인은 경찰에 가서 진술을 한번 했을 뿐 아무런 조치 없이 풀려났다. 남의 땅에 무단으로 들어온 아이의 실수로 판단된 것이다. 나의 땅과 집을 지키는 것은 그만큼 신성하다는 사고방식이 이 나라에는 뿌리 깊게 박혀 있다. 건장한 남자가 새벽 5시에 인근에 경찰서는커녕 이웃집도 거의 없는 외딴 시골집의 문을 세차게 두드리고 막무가내로 들어오려고 했으니 총을 쏜 그 집주인을 무조건 비난하기는 어려웠다. 미국의 총기 문제는 관련업계의 엄청난 로비 자금과 관련이 있다는 것은 공공연하게 알려진 사실이지만, 그 근본에는 개인의 소유는 신성불가침한 것이라 여기는 가치 판단이 존재하는 것이다.

지금 살고 있는 드넓은 시골 땅은 원래 농장으로 만들 생각이었다. 그 생각을 접고 백수가 되었던 건 여러 이유가 있었지만, 무엇보다 내 땅에 내가 심은 농작물을 사슴, 토끼, 민달팽이가 초토화시킬 때 비이성적으로 치밀어 올랐던 살의 때문에 그만두게 되었다. 내 것이라는 것은 그것을 지키기 위해 완전히 다른 사람이 되어 어떤 짓이라도 하게 된다는 뜻임을 그렇게 배웠다.

내 것을 내 마음대로 사용하고 지키는 것은 유럽인들을 비롯 현재 사회가 기르고 지켜온 가치 있는 자유의 핵심이다. 하지만 원주민들은 그렇게 생각하지 않았다. 그들은 다른 선택을 했다. 농사를 포기한 건 나 역시 그렇게 다른 자유를 선택했던 것임을 『모든 것의 새벽』을 읽으면서 좀 더 분명하게 깨달았다. 그때나 지금이나 동물들은 자기 멋대로 아무 때고 온다. 하지만 나는 동물들을 쫓아내거나 죽이지 않을 자유를 누린다. 내 것을 지키지 않아도 되는 자유라는 것도 있는 것이다. 대신에 원주민들이 그들을 둘러싼 토양과 날씨와 동식물을 주의 깊게 연구하고 먹고살 수 있는 방법을 연구했던 것처럼, 나 역시 농사를 짓지 않아도 먹고살 수 있게 설계된 이 사회를 관찰하고 그에 적응하며 살아간다. 당연히 이 사회가 요구하는 소유 개념을 따르고 실천하기도 한다. 하지만 나는 그 안에서 자유를 찾는다. 총을 들고 기다리는 남의 땅에는 절대 들어가지 않고, 내 땅을 사기 위해 돈도 벌고 관리도 하는 대신에 원주민들이나 과거 농경사회의 평민들만큼 고된 노동을 하지 않는 자의 균형에 대해 고민한다.

『모든 것의 새벽』의 저자들은 원주민들이 루소의 성선설에서 묘사하는 것처럼 아무 생각 없이 열매나 따먹으며 태평하게 지낸 것은 아니라고 했다. 그들의 고민은 치열하고 깊었다. 구성원 하나하나가 전부 다 그랬다. 유럽에서는 극소수의 식자층이 아니고라면 논리적인 사고라는 것이 있는지도 모르는 사람들이 태반이었을 시절, 대부분의 원주민들이 논리적으로 자기 생각을 전개할 수 있어서 깜짝 놀랐다는 침략자들의 기록이 많다. 원주민들의 자유에는 사고력이 필요했을 것이다. 그들의 자유는 단 하나의 기준에 따른 경쟁에서 앞서 내 것을 무조건 많이 확보하는 것이 아니었다. 내가 속한 사회와 자연을 종합적으로 판단하고 거기서 내가 원하는 것을 얻으려면 무엇을 해야 하는지를 알기 위해 끊임없이 실험하고 수정하고 또 실험하는 과정의 연속이었을 터다.

아이들의 공부 이야기를 다시 해본다. 공부를 하지 않고 마음껏 놀며 자유로워지는 것. 그런 건 가능하지 않다고 생각한다. 공부로든 예체능이든 유튜브 크리에이터가 되든 부모의 능력을 빌리든, 자기 소유의 돈과 영향력을 최대한 늘리기 위한 경쟁을 해야 한다. 우리 사회 전체가 그런 가치 체계를 갖고 있으니까. 그게 아니라면 원주민들처럼 자기만의 자유의 정의를 찾아내야 한다. 이 역시 만만치 않은 길이다. 일단 남들과 다른 시간표와 경쟁에 대한 자기만의 가치를 찾아내야 하는데, 여기서부터 깊은 관찰력과 인내심이 필요하기 때문이다. 사회 전체가 선택한 가치관과 다르기 때문에 사회적으로 용인될 수 있는 선도 알아내야 하고, 그 이후에는 균형을 잃지 않으면서 나만의 가치를 찾아내서 자기 내부의 동기로 나아갈 수 있어야 한다. 그러고도 결국에는 아무도 칭찬해 주지 않을 가능성이 상당히 높다. 열심히 땅을 경작하는 농부들과 달리 원주민들은 빈둥빈둥 노는 것처럼 보였듯 말이다.

아이에게 이걸 어떻게 가르칠까? 내 나름의 방법이 있다. 공부를 하라고 하지 않지만, 대신 대부분의 일을 스스로 하도록 놔둔다. 내버려 둔다는 것이 아니라, 자기 자신과 주변 상황을 관찰하고 그 안에서 가능한 선택들을 찾아낸 다음 그에 책임지도록 시간과 공간을 주고 지켜본다. 그런다고 공부를 하지 않고 놀기만 할까? 아이들은 이미 스스로 재미를 발견하고 결과를 책임지며 '노는' 일이 얼마나 세심한 노력이 들고 골치 아픈 일이라는 걸 이미 알고 있다. 아이는 학교에서 요구하는 경쟁 원리로서 학교 공부와 자기만의 자유 사이의 균형을 찾아야 한다는 것을 어른보다 빠르게 깨닫는다.

어떤 길도 결코 쉽지 않다. 거센 경쟁에서 살아남는 것은 물론 어렵다. 그러나 자기만의 자유를 찾는 것도 이 세상 전체를 돌보고 관리하는 심정으로 치열하게 생각하면서 자기 책임하에 결정해야 하는 일이다. 그래서 나는 아이들을 자연에서 마음껏 놀게 한다는 표현을 쓰지 않는다. 놀긴 놀지만, 결코 아무 생각 없이 놀 수는 없으니까. 하지만 우리에게 선택의 여지가 있다는 것을 아는 것은 아주 중요하다. 어쩔 수 없었던 게 아니라, 내가 선택한 나의 길이기 때문에 괜찮을 테니까.

미래를
꿈꾸지 않는 사람

어릴 때 어른들에게 들었던 질문 중에 가장 싫었고, 그래서 나도 아이들한테 묻지 않는 것. 바로 장래 희망이다. 선생님이 써내라고 해도, 어느 어른이 "커서 뭐 되고 싶니?"라고 친절히 물어와도 난감했다. 평생 가정주부였던 엄마가 무수히 해왔던 이야기도 공포를 부채질했다. "여자도 직업을 가져야 한다. 너는 나처럼 집에서 남편, 애들 뒤치다꺼리나 하지 말고 당당한 커리어를 가지라고 내가 희생하는 거다." 엄마 말에 따르고 싶었다. 그런데 커리어라는 것은 따로 있는 게 아니라 결국에는 구체적인 무엇이 되어야 하는데, 도무지 떠오르는 게 없었다. 더욱 곤란한 건 10대, 20대가 되어도 여전히 장래 희망 같은 건 생기지 않았다는 것이다 모든 면에서 나와 극과 극으로 다른 남편도 이 점에서는 비슷했다. 남편이 20대일 때 그린 이상적인 미래 속 자신의 모습은 다음과 같았다. '열심히 일하고 집에 돌아와 명품 시계와 명품 넥타이를 풀어놓고, 와이셔츠 소매를 서너 단 접어 올린 다음 근사한 부엌에서 폼 나게 요리를 하는 것.'

"열심히 한다는 건 알겠는데, 무슨 일을 하고 온 건데?"

"그건 아무 생각 없었지. 뭐든 되겠지, 그렇게 생각했어."

50대를 눈앞에 두고 있는 우리 둘 다 결국 아무것도 되지 못했다. 글을 쓰긴 하지만 이걸 직업이라고 부를 수는 없을 것이다. 논문 쓰는 교수, 지면용 기사를 쓰는 기자와 방송용 기사를 쓰는 방송 기자, 책을 쓰는 작가, 방송 작가, 카피라이터 등은 모두 글을 쓰지만 직업으로서는 완전히 다른 일들이다. 우리는 아무것도 아니지만 글쓰기의 본질은 다르지 않다. 한 글자씩 적어내는 그 순간만큼은 같다. 문자라는 추상 도구로 내 뜻을 표현하는 것이다. 그런데 난 글은 쓰고 싶지만, 그 어떤 직업도 딱히 내키지 않았다. 그 차이가 무엇일까?

실은 이 차이를 고민했던 적은 별로 없다. 그냥 나의 치명적인 단점이자 문제라고 받아들였을 뿐이다. 끈기가 없다고, 확실한 결과를 내는 인내심이 없다고 생각했다. 대학 입시에는 충실했지만 다음 단계인 고시는 그다지 애써보지도 않고 포기했다. 학부를 졸업할 무렵에는 영문학 논문을 쓰는 재미를 조금 알 듯도 했는데 대학원 진학은 포기했다. 기자도 취재를 배우기 시작할 때 포기했고, 교육 심리학 공부를 한 뒤에도 연구자나 교수가 되는 것을 포기했다. 농사 짓는 것도 본격적으로 일을 벌이기도 전에 포기했다. 굵직한 것만 늘어놔도 이렇다. 중간에 소소하게 포기한 걸 쓰자면 책 한 권도 쓸 수 있을 것이다. 그렇지만 할 때는 정말 열정적으로 했다. 가끔은 내 소질과 맞는 좋은 기회가 찾아오기도 했다. 그런데 언제나 아무것도 되고 싶지 않다는 욕구가 스멀스멀 도졌다. 치명적인 문제라고 생각한 만큼 분석도 해봤다. '치열한 최종 승부를 봐야 할 때 마지막 실패가 두려워서 도망가는 걸까?' '잠이 많고 게으른 체질이라 그런 걸까?' '인생의 쓴맛을 본 적이 없어 나약해서 그러는 걸까?' 아마 모두 어느 정도 맞을 것이다. 그러나 이유가 무엇이든 간에 원하는 게 없는 건 도무지 고쳐지지 않았다.

이런 특성을 가진 사람이 또 있다. 『월든』을 쓴 헨리 데이비드 소로다. 물론 이건 나의 주관적인 해석이다. 소로는 딱히 아무것도 되지 않았다. 연필 공장도 운영해 보고, 개인 교사로 일하기도 했으며, 학교도 세워보고 측량사로 일한 적도 있지만 여건상 하다 말았다. 숲에 들어가 산 것도 2년 남짓이었고, 작가라고 하기에도 애매했다. 작가와 강연자로서 이름을 날린 에머슨이 소로가 작가로 자리 잡게끔 다양한 기회를 마련해주었지만, 그에 부응할 만큼 적극적이지도 않아서 에머슨을 안타깝게 했다.

대학교 때 처음 『월든』을 읽고서 독특하긴 한데 어쩐지 끌리지 않아 제쳐두었던 이유도 바로 이 때문이다. '도대체 이 사람은 뭐 하는 사람인 거야? 이 사람처럼 하면 뭐가 된다는 거지?' 하지만 40대가 되면서 다시 이 책을 열렬히 좋아하게 된 것도 같은 이유에서였을 것이다. 뭐가 되지 않고도 열심히 살아갈 수 있다는 그 이유에 끌렸다. 20대에만 해도 무엇이 되어야 한다는 압박을 받으면서 실제로 그렇게 되려고 애를 썼기 때문에 소로를 피하고 싶었다. 그렇지만 40대가 되면서 '되고 싶은 게 아무것도 없는 나'를 받아들일 수 밖에 없다는 것을 인정하기 시작한 것이다. 그렇게 나는 치명적인 나의 약점을 끌어안기 위해 『월든』을 다시 읽기 시작했다.

소로는 『월든』의 「경제학」 장에서 그의 직업적 실패의 역사를 특유의 엄숙한 유머를 섞어 늘어놓는다. 조그만 잡지의 기자였지만 편집장은 절대 그의 기사를 지면에 실어주지 않았다. 아무도 시키지 않았는데도 마을의 구석구석을 돌보았지만 점점 일자리를 구할 수 없다는 사실이 분명해졌다. 공무원이 되지 못했고 법원이나 교회에서 작은 보수라도 받는 어떤 일자리도 찾아내지 못했다. 이런 이력에 대해 한탄하던 소로는 갑자기 엉뚱한 소리를 하기 시작한다. 자신은 철저한 사무 능력을 갖추기 위해 노력해 왔다며 갑자기 중국과의 무역에 필요한 능력을 한참이나 나열하는데, 읽다 보면 웃음이 난다. "해안 여러 곳에 동시에 나타나기, 나 자신이 전보가 되어 모든 배에 말 걸기" 등.

그는 하나의 직업에서 성공하려면 일의 본질이 아니라 많은 주변적인 것들에 신경을 써야 하는데 그것이 얼마나 불가능에 가까운지를 이야기한다. 그런데 역설적으로 우리는 이토록 많은 일을 하면서도 온전한 하나의 사람이 되지 못한다고 지적한다.

우리는 집단에 소속되어 있다. 한 사람의 역할 중 9분의 1밖에 하지 못하는 것이 재단사만은 아니다. 목사도, 상인도, 농부도 마찬가지다. 노동의 분업은 어디서 끝이 날 것인가? 분업의 최종적인 목적은 무엇인가? 타인이 나를 대신해 생각을 해줄 수도 있을지 모른다. 그러나 스스로 생각을 하지 않고 남들이 대신해 주는 것은 결코 바람직하지 않다.

소로는 아무것도 되지 않았지만 자기 자신이 되기를 원했다. 그는 『월든』의 목적을 아래와 같이 밝혔다.

대부분의 책에서 1인칭 '나'가 생략된다. 이 책에서는 '나'

266

를 살렸다. 에고티즘이라는 측면에서 이 책은 다른 책과 다르다. 우리는 종종 어떤 말이든 결국 어떤 사람에게서 나온다는 것을 잊어버린다. 나를 나보다 더 잘 아는 사람이 있었더라면 그토록 내 이야기를 많이 하지는 않았을 것이다.

에고티즘은 이기주의를 뜻하는 에고이즘과 다르다. 에고티즘은 자기 자신이 누구인지를 아는 것이 가장 중요하다는 생각이다. 에고티즘의 전형을 만든 역사적 인물이 있다. 19세기 프랑스 소설가인 스탕달이다. 천재적인 작가 슈테판 츠바이크는 저서 『츠바이크가 본 카사노바, 스탕달, 톨스토이』(나누리 옮김, 필맥, 2005년)에서 스탕달이 자신의 심리적 세계를 발굴한 사람이라고 소개한다. 그는 군인이었으면서 소설을 썼고, 정치가였고, 사교계의 사람이기도 했으나 그는 그 무엇이 되기를 극도로 꺼렸다고 한다. 스탕달은 어려서 부모를 여의었고 외모도 볼품없었으며 원했던 사회적 성공을 누리지 못했다. 그는 그런 처지로 살아가며 자신이 느끼는 온갖 감정을 명확하게 관찰하고 추적하는 습관과 능력을 키우게 되었다. 그는 마치 새로운 우주를 탐험하듯 내면의 세계를 개척하게 된 것이다. 그는 자신의 조건으로 인해 당면하게 된 선천적인 불리함을 통해서 새로운 자유를 창조했다. 바로 자기 자신을 찾아내는 자유였다. 츠바이크는 다음과 같이 설명한다.

자유의 의미, 즉 모든 강제와 영향에서 벗어난다는 것이 무엇인지를 스탕달은 천재적으로 알고 있었다. 이따금 어쩔 수 없이 직업을 갖거나 제복을 입어야 할 때는 생계유지에 꼭 필요한 만큼만, 더도 덜도 아닌 딱 그만큼만 자기 자신을 투자했다.

이랬으니 그가 출세에 실패한 것도 당연했다. 그는 군인, 외교관, 문인으로서 성공하지 못했지만, 그래서 그의 자긍심은 배가됐다. "나는 무리 지어 다니는 가축이 아니다. 그러므로 나는 아무것도 아닌 사람이다."

그가 내적 삶만을 살았기 때문에 그토록 생생하게 그런 영향력을 끼치는 것이다. 한 인간이 시대를 위해 살면 살수록 그는 그 시대와 더불어 사멸하기 쉽다. 하지만 한 인간이 자기 안에 자신의 참다운 본질을 더 많이 간직하면 할수록 그의 많은 부분이 시대를 넘어 남아 있게 된다.

자기 자신을 찾는 것은 소로에게도, 스탕달에게도 직업과 동떨어진 것이 아니었다. 그들은 골방에 처박혀 혼자 생각만 하진 않았다. 자신이 하고 싶은 일이나 열정을 느끼는 일, 주어진 기회에 충실했다. 하지만 항상 마지막에는 자기 자신에게로 돌아오는 것을 잊지 않았다. 사회적으로 인정되는 직업의 중요함으로부터 자유를 누린 것이다.

물론 직업은 자아실현의 훌륭한 수단이다. 엄마가 자신만의 방법을 개발하면서 뛰어난 솜씨로 가사를 돌보았고 온 가족이 끊임없이 감사를 표현했는데도 불구하고 스스로를 뒤치다꺼리나 하는 사람이라고 느꼈던 이유는 사회적·경제적으로 인정되는 직업의 가치 때문이었을 것이다. 하지만 인정받는 직업을 가진다 해도 어느 순간에는 나를 잃어버릴 수 있다. 일은 '나'일 수가 없으니까. 소로와 스탕달은 직업의 바로 그런 속성을 우리에게 일깨워 준 것이다.

소로나 스탕달과 같은 천재가 아니라도, 여느 가정주부이거나 흔한 직장인이라도 결국엔 '나'는 누구이고 나의 내면은 어떠한지 질문하고 탐구해야 하는 순간이 온다. 누군가는 그 답을 자신의 일 안에서 찾을 수도 있다. 이같이 나처럼 아무것도 되고 싶지 않은 사람조차 '나'는 되고 싶은 것이다.

그렇다면 직업에서 벗어나 내가 된다는 건 대체 뭘까. 이 질문을 고민하며 세상이 봤을 때 나의 가장 이상한 결정 중 하나를 돌이켜봤다. 나는 교육심리학 대학원 박사학위를 받았지만, 교수나 연구자가 되기 위한 구직을 하지 않았다. 그것은 내 선택만은 아니었다. 내가 논문을 쓰기 위해 선택한 방법론은 비주류 중에서도 비주류였다. "과학이 아니다, 차라리 소설을 쓰지 그러냐"라는 근본적인 비난을 받는 방법론이라, 이 방법을 선택하면서 교수 자리를 찾는 건 깨끗하게 포기해야 했다. 불가능한 건 아니지만, 고단하기 짝이 없는 길이다. 대학원 공부를 처음에 시작할 때는 분명히 교수를 목표로 했었는데, 이 방법론을 알고 나서는 아무런 미련도 없이 목표를 버려버릴 만큼 재미있었다. '이토록 재미있는 건 그냥 하는 거야, 그것뿐이야.' 그 생각이 너무도 선명해 고민도 하지 않았다.

그 연구 방법은 다음과 같다. 일단 샘플 사이즈가 작다. 겨우 두어 명의 아이를 대상으로 한다. 물론 사전 연구에서 더 많은 아이들을 연구하지만 그것은 데이터 수를 줄이는 과정이다. 아이들과 엄마를 인터뷰하고 관찰한다. 여기까지는 특별할 게 없다. 이렇게 1차로 만들어진 데이터를 분석하는데, 데이터는 가만히 두고, 나의 편견을 분석한다. 쉽게 말해서, 아이들과 엄마의 행동에 대한 해석은 '나'의 것이고, 이 모든 것이 나의 편견에서 나왔다는 가정하에 전부 뒤집어보는 것이다. 아이가 엄마에게 말대꾸를 했다거나, 지나치게 순종적이었다는 것은 사실 내가 본 것이다. 나의 어떤 배경과 어떤 편견이 굳이 그것에 관심을 기울이게 됐고, 왜 그렇게 해석하는지를 분석한다.

여기서 끝이 아니다. 이 분석을 동료나 지도교수나 혹은 문화 외부자 등 제3자가 될 수 있는 사람과 함께 다시 분석한다. 경우에 따라 연구 대상 아동이나 엄마에게 다시 확인하기도 한다. 편견에 대한 편견을 다시 파보는 것이다. 이런 과정에서 두 번째 인터뷰 질문이나 관찰 포인트가 정해진다. 그리고 이 모든 과정에는 이미 연구된 논문이나 책들과 비교하는 과정이 포함된다. 편견의 편견의 편견을 확인해보는 것이다.

일반적으로 과학적이라고 인정되는 방법은 일단 최대한 많은 샘플을 대상으로 인과 관계를 조사하고 이를 수치화하는 것이다. 그러니 인터뷰 질문지도 연구대상 모집 전에 모두 정해진다. 여기서 연구자의 편견은 의심이나 연구의 대상이 아니다.

나는 나 자신의 편견을 더 깊게 더 정밀하게 알아갈수록 좀 더 보편적인 진실에 가까이 접근한다는 것을 경험했다. 수만 명에게 똑같은 질문을 해서 그 답변을 통계 수치로 만드는 것이 아니다. 그 질문을 만들어 낸 나의 편견, 그 질문이 왜 중요한지를 탐구해야 하고, 그 질문을 받은 사람은 객관식이 아니라 완전히 고유한 답변을 하게 된다. 내가 틀렸다는 것을 알수록 이 세상과 타인들은 더 복잡해지고 다양해진다. 관찰대상이 겨우 한 명이라도, 그들의 특이성과 고유성을 더 깊이 평가하게 될 때, 보편적인 관계들의 복잡성을 이해할 수 있게 된다.

그 과정을 통해 나는 한 가지를 알게 되었다. 내가 주로 맞지만 어쩌면 틀릴 수도 있는 것이 아니다. 오히려 나는 언제나, 반드시 틀린다. 그게 나 자신을 포기하거나 위축된다는 뜻은 아니다. 내가 틀린 것은 어떤 도덕적인 문제이거나 열등하다는 뜻이 아니라 세상과 타인의 복잡성을 내 안으로 끌어들이는 방식이다.

소로는『월든』에서 에고티즘이 무엇인지를 간명하게 설명했다.

대중들의 의견은 우리 자신이 스스로에게 내리는 의견에 비하면 힘이 미약한 폭군이다. 사람은 자기 자신에 대해 어떻게 생각하느냐가 바로 그 사람의 운명을 결정하거나, 정확하게 말하자면, 그의 앞날을 보여준다.

나는 어쩌면 나의 에고티즘 때문에 이 방법론을 선택한 것이다. 그 무엇보다 나의 느낌을 따르고 싶었던 내 욕망에 충실했다. 나쁘지 않은 길이었다. 재미있었기 때문에 네 살 딸아이를 데리고 시작했던 6년간의 공부를 고스란히 즐길 수 있었다. 학위를 받을 때 즈음에는 이 공부에서 얻을 수 있는 모든 것을 이미 다 받은 것 같았다. 그런데 아이러니하게도 그 공부가 내가 늘 틀렸을 수도 있다는 것을 가르쳐주었다. 이제 와서 돌이켜 보니 교수가 되려고 치열하게 노력해보았어도 되었겠다는 생각이 든다. 후회나 미련이 있어서가 아니라, 내가 틀렸을 수도 있기 때문에. 뭐가 되지 않아도 괜찮은 만큼이나 무엇이 되어도 그런대로 괜찮았을 거라는 이 결론에 도달하기 위해 나는 아마도 이 길을 걸어야 했던 것이다.

무엇에도
헌신하지 않는다

룰루 밀러의 『물고기는 존재하지 않는다』(정지인 옮김, 곰출판, 2021년) 라는 책을 읽었다. 먼저 읽은 친구가 보내준 감상이 아름다웠기 때문이었다. 친구는 이런 메시지를 발견했다고 했다. "내가 내 삶의 가치를 정하는 게 아니라, 내 존재의 가치를 나 아닌 다른 사람이 보증해 줘야 한다. 내가 존재해도 되는지 남에게 물어야 한다." 같은 걸 느끼고 싶어서 읽었는데, 나는 전혀 다르게 읽고 말았다. 여전히 친구의 감상은 아름답다. 하지만 사람에게는 이중성이라는 게 있다는 걸 다시 확인했다. 나는 친구의 감상에 완전히 동의하면서도 동시에 그건 아닌 것 같다고 생각했던 것이다.

이 책은 누구에게든 강력하게 추천해도 무리가 없을 만큼 재미있다. 저자는 깊이 고민했고, 솔직했고, 철저하게 조사하여 간결하고 아름다운 글을 썼다.

이 책의 가장 큰 뼈대는 저자의 아버지가 일곱 살의 그녀에게 들려준 충격적인 이야기다. 너무도 단순하고 강렬해서 원문을 그대로 옮긴다.

아버지는 내게 인생에는 아무런 의미도 없다고 통보했다. "의미는 없어. 신도 없어. 어떤 식으로든 너를 지켜보거나 보살펴주는 신적인 존재는 없어. 내세도, 운명도, 어떤 계획도 없어. 그리고 그런 게 있다고 말하는 사람은 그 누구도 믿지 마라. 그런 것들은 모두 사람들이 이 모든 게 아무 의미도 없고 자신도 의미가 없다는 무시무시한 감정에 맞서 자신을 달래기 위해 상상해낸 것일 뿐이니까. 진실은 이 모든 것도, 너도 아무런 의미가 없다는 것이란다."

이 세상 어떤 것도 아무것도 아니라는 것을 진실로 받아들일 때 느껴지는 공포를 이해할 수 있는가? 도대체 나는 무엇을 위해 이 팍팍한 삶을 살고 있단 말인가 하는 질문이 덮쳐오는 그 순간의 감정. 누구든지 인생에서 적어도 한 번은 느낄 법한 허무함이다. 누구나 쉽게 생각해 낼 수 있을 만큼 뻔하고 간단한 이치인데, 어째서 찬물이라도 뒤집어쓴 것 같은 느낌일까? 더 이상 아무것도 할 수 없는 무기력에 빠질 만하다.

저자는 이 공포를 이겨내기 위해 데이비드 스타 조던이라는 과학자의 삶을 추적한다. 조던은 1800년대 말에 활동했던 유명한 어류학자이자 스탠퍼드대의 초대 총장이기도 했다. 그는 전 세계의 어류를 발견하여 학술적으로 분류하는 일에 헌신했다. 그의 회복력은 전설적인 수준이었다. 자연재해로 수십 년간 쌓아온 연구 결과를 잃거나 갑작스런 질병에 아내와 자식이 연이어 세상을 떠나도 그는 절망하지 않았다. 오히려 바로 그 순간 벌떡 일어나 더 놀라운 일들을 해낸다. 어려서부터 자연 속 눈에 띄지 않는 작은 생명에 무한한 관심을 기울였던 그는 무의미의 공포를 완벽하게 극복한 사람처럼 보였다(이 책은 과학책이지만 반전이라고 할 만한 내용들이 있으니 스포일러를 싫어하시는 분들은 책을 먼저 읽는 게 좋겠다).

그런데 학자로서 사회적 영향력과 부를 쌓아가면서 조던은 끔찍한 선택들을 한다. 확고한 증거는 없지만 스탠퍼드 총장 자리를 잃지 않기 위해 심지어 살인이나 범죄 은폐에 관여할 정도로 냉혹하게 군다. 여기서 그치지 않고 급기야는 인간 종의 우수성을 지키겠다는 일념하에 빈곤과 범죄에 시달리고 장애를 가진 사람들에게 국가가 강제로 불임 시술을 하는 일을 열렬히 지지한다.

그렇게 자연 앞에서 겸손했던 조던은 왜 그랬을까? 과학적인 무지나 실수라고 할 수는 없다. 자연에서 중요한 것은 보다 많은 다양성이지, 어떤 생명체나 특질의 우월성을 가릴 수 없다는 것을 과학적으로 입증하는 증거들은 당시에도 많았다. 그는 단지 권력과 부를 지키기 위해 초심을 내팽개친 걸까?

그런데 나는 이 부분에서 저자와 다른 생각을 하게 됐다. 저자는 조던이 지나친 긍정과 자기 확신에 빠져 수단과 방법을 가리지 않게 됐다고 해석한다. 그럴듯한 설명이지만, 내가 궁금한 건 그가 수단과 방법을 가리지 않고 이루고자 했던 궁극적인 목적이었다. 이 부분에서 저자도 조던이 권력을 좋아했겠지만, 그것이 유일한 목적은 아니었을 거라고 인정한다. 단지 권력 때문이었다면 이 정도로 무리하지 않아도 됐다. 저자가 던진 질문, 즉 '아무 의미도 없는 우주에서 아무 의미도 없는 나는 무엇으로 살아가는가'라는 질문은 그렇게 쉽게 극복하거나 외면할 수 있는 질문이 아니라고 나는 생각한다.

조던은 어려서부터 눈물겹도록 자연을 사랑했고 자연에 대해 깊게 그리고 자세하게 알고 싶어했다. 성인이 된 직후 그는 출세가 보장되는 공부와 직업을 선택하는 대신 자연을 마음껏 볼 수 있는 외진 곳으로 향하기도 했다. 나는 그런 그가 학계의 권력자가 된 후 갑자기 바뀐 것은 아니라고 생각한다. 그는 무의미의 공포를 느꼈고, 그것을 잊고자 의미를 만들어내기로 작정한 것이다. 조던은 아무런 의미가 없는 혼돈을 정면으로 받아들이는 것을 거부하고 어떤 질서와 의미를 만들어내기로 했던 것 같다. 그는 유전적 형질을 조절해서 인류의 불행을 없애겠다는 그 나름의 숭고한 목적에 매달렸던 게 아닐까. 그는 인간이 겪는 범죄와 괴로움, 빈곤을 있는 그대로 받아들일 수 없었던 것이다. 무엇이라도 하기 위해 스스로 의미를 만들어냈고, 거기에 헌신했다. 그때의 그는 오만하기보다는 차라리 자신보다 거대한 질서에 스스로를 바치는 심정이었을 것 같다.

내가 저자의 해석에 의문을 품게 된 것은 저자가 자신의 공포에 대해 이야기하는 부분에서였다. 그에게는 대학 때부터 사귀면서 7년간 동거한 남자친구가 있었다. 그런데 어느 날 그는 하룻밤 실수로 바람을 피우게 되고, 이를 남자친구에게 고백한 다음 결별을 당한다. 저자는 남자친구가 자신을 다시 받아줄 거라는 희망을 품고 몇 년에 걸쳐 이메일을 보내고, 자신의 새로운 삶을 꾸리지 않은 채 친구 집을 전전하면서 괴로워한다. 여기까지는 누구든지 그럴 수 있는 일이라고 생각했다.

그런데 그를 괴롭힌 건 자신이 바람둥이이고 헤픈 여자라는 생각이었다. 그에게는 자신이 그려왔던 남자친구와의 미래가 가장 중요했다. 그 사람을 욕망하는 것과는 조금 다르다. 저자는 자기가 정해둔 질서정연한 이상을 그리워한 것이다. 그는 조던의 악행을 알게 되면서 서서히 남자친구를 잊고 자신의 일상을 꾸려간다. 이를 읽으며 나는 혼돈과 공포가 뒤죽박죽된 본연의 삶을 그대로 수용하게 되는 것이라고 기대했다. 그런데 그는 나중에 결혼까지 하게 되는 동성 애인을 만나는데, 그에게 사랑을 느낀 결정적인 순간을 애인이 "나는 네가 양성애자라는 걸 존중해"라고 말하는 순간으로 꼽는다. 그는 여전히 남들이 인정하는 카테고리, 즉 질서가 필요했던 것이다.

거기에서 멈추지 않고, 그는 일곱 살 때 아버지가 세상이 무의미하다고 선언했던 건 잘못이라고 확신한 다음 조던을 심판한다. 조던이 지금까지도 악행에 대한 대가를 치르지 않고 명성을 유지하고 있다는 것에 분노한다. 악인이 처벌받지 않는 이 세상의 무질서를 받아들일 생각은 없어 보인다. 저자는 더욱 깊이 조던의 삶과 연구를 파고들고 이후 조던의 인생 전체를 한꺼번에 박살낼 만한 사실을 찾아낸다. 바로 조던이 연구했던 어류 분류학은 애당초 학문으로서의 실체조차 없었다는 사실이다. 우리가 흔히 생각하는 물고기라는 분류는 성립하지 않았다. 비늘이 있고 물속에서 호흡하며 헤엄을 치기 때문에 우리 눈에 비슷하게 보이는 것뿐 사실 전부 착각이라는 것이 최신 과학적 발견이다. 폐나 신경 구조가 모조리 달라서 어떤 물고기는 양서류에 가까운 것도 있고, 포유류로 분류되어도 무리가 없는 것도 많다.

그는 조던을 추앙할 만한 훌륭한 과학자 또는 처벌을 받아야 할 악당으로 분류해야 했고, 자기 자신도 바람둥이나 양성애자 같이 분류해야 했다. 그는 이런 분류를 통해서 존재의 의미를 확보하기로 한 것이다. 이런 모습은 어쩐지 체계를 만들고자 하는 조던의 집념과 비슷해 보였다.

어떤 것에도 의미가 없다고 단언했던 저자의 아버지는 과연 어떤 사람이었을까? 그는 자신의 일을 좋아해서 남들이 우스꽝스럽게 보아도 아랑곳하지 않고 자기만의 복장을 고수했지만 그러면서도 유쾌하고 좋은 남편이자 아빠였다. 저자가 물고기라는 분류가 존재하지 않는 것을 받아들이겠냐고 아버지에게 묻자 그는 대답한다.

"나는 그게 뭐든, 아직 내가 해방되지 않은 것으로부터 해 방되기에는 너무 늙었어."

그는 이렇게 말하면서, 물고기는 여전히 물고기로 받아들이겠다고 했다. 어쩐지 그런 태도야말로 자유롭게 느껴졌다. 물고기가 물고기인 것도, 물고기가 물고기가 아닌 것도 동시에 받아들일 수 있으니까.

저자는 역시 탄탄한 글을 완성하는 데 빼놓을 수 없는 취재를 하러 간다. 바로 조던의 '악행'의 피해자다. 단지 가난한 가정에서 태어났다는 이유만으로 강제로 감금돼 불임 시술을 당하고 커다란 수술 흉터까지 평생 지고 살아온 여자를 만난다. 그는 조던의 예상과 반대로 삶의 우여곡절을 겪으면서도 소박하고 따뜻한 이웃으로 살아왔다. 특히 강제수용소에서 만났던 친구와 평생 돌보고 돌봄받으며 산다. 저자는 그에게 묻는다. "(그렇게 끔찍한 일을 겪고도) 어떻게 계속 살 수 있었냐"라고.

나는 이 부분에서 저자에 대해 참을 수 없는 불편을 느꼈다. 물론 저자의 의도나 질문 자체가 나빴던 것은 아니었다. 내가 느낀 불편함은 마치 내가 이 질문을 받은 것 같았기 때문이다. 나는 저자의 아버지처럼 아무것도 의미가 없다고 굳게 믿는 사람이다. 따라서 내게 "어떻게 계속 살 수 있냐"라고 묻는다면 얼굴이 뜨거워질 것이다. 내가 계속 살아야 할 이유는 사실 없다고 생각한다. 아무 의미가 없으니까. 설사 나를 사랑하는 가족이나 친구들이 나에게 살아달라고 한다 해도, 그 사랑을 기쁘게 받아들이긴 하겠지만 여전히 살아야 할 이유는 없다. 그들의 사랑이 의미가 없다는 뜻이 아니다.

저자의 어린 시절처럼 나에게도 어떤 결정적인 순간이 있었다. 막 중학교 1학년이 된 어느 날, 나는 내가 살아야 할 이유가 아무 것도 없다는 생각에 다다랐다. 엄마가 "나는 너 때문에 이혼 안 하고 참으며 살고 있다. 그런데도 너는 배은망덕하고 못된 인간이다"라는 이야기를 수년째 끊임없이 하던 중이었다.

당시에는 여전히 인생을 흑과 백으로 보고 있었고 엄마 말을 철석같이 믿던 시절이라, 엄마가 죽기 전에 내가 죽는 게 논리적이라고 생각했다.

어느 날 엄마의 구박에 말대꾸를 대차게 날리고 집을 나와서는 사람들이 잘 다니지 않는 아파트 꼭대기 층으로 향했다. 평소부터 눈여겨봐 두었던, 뛰어내릴 수 있을 만한 창문 앞에 있는 높은 구조물에 기어올라갔다. 펄쩍 뛰어 오르면서 힘을 많이 줬더니, 몸이 휘청대며 순간 창문 밖으로 떨어질 뻔했다. 심장이 순간적으로 아프고, 쿵쾅거리면서 몸이 벌벌 떨려왔다. 뛰어내리려고 한 건데 이런 반응이라니 우스웠다.

하지만 몸의 반사작용이려니 하며 거기 앉았다. 다시 격렬한 절망에 푹 빠져들었다. 아무리 생각해도 죽어야 할 것 같았다. 그런데 저녁시간이 다가오자 어김없이 배가 고파오기 시작했다. 믿을 수 없이 맹렬하게. 떨어질까 봐 몸이 덜덜 떨렸던 때만큼 어이가 없었다. 밥이 먹고 싶어서 견딜 수가 없었다. 밥을 먹지 않고는 도저히 죽을 수가 없다는 생각이 들었다. 오래 고민하지 않고 내려와서 저녁밥을 먹었다. 방과 후 간식을 거르기도 했고, 울기도 해서 평소보다 더 꿀맛이었다. 엄마에게 지지 않고 소리를 지르고 나갔다가 들어온 나에게 엄마는 여느 때처럼 나쁜 말을 쏟아댔다. 그리고 여느 때처럼 정성스러운 고등어 조림 밥상을 차려줬다.

이날 먹었던 밥은 나의 수치이자 든든한 빽이다. 때로는 내가 밥이나 꾸역꾸역 챙겨먹는 원초적인 돼지 같아서 창피하다. 하지만 곧 돼지를 열등하다고 전제하는 나의 시각을 바로잡게 된다. 그리고 나 자신을 믿지 않게 된다. 두 가지 방향으로. 나는 내가 생각한 것보다 괜찮은 사람이기도 하고, 내가 생각한 것보다 별 볼 일 없는 존재이기도 하다.

돼지도 살아가고 나도 살아간다. "어떻게 살아갈 수 있나, 왜 살아가"라고 스스로에게 묻지 않는다. 돼지든, 조던이든, 조던의 희생자든, 바람둥이든 살아간다. 물론 돼지는 돼지로 살아가고, 조던은 조던으로, 나는 나로 살아간다. 조던의 행위는 비난받아야 하고 처벌받아야 한다. 하지만 설사 그가 이 무의미한 세상에서 처벌을 피해갔다고 해서 분노하는 마음은 들지 않는다. 그의 물고기 연구가 사실은 근거 없는 행위였다 해도 그가 물고기를 그렇게 열심히 바라봤다는 것의 '의미'가 사라진다고 생각지도 않는다.

나는 위험에 처하면 오로지 살기 위해 저절로 심장이 뛴다. 그렇게 배고픔을 해결하고, 내 아이를 사랑하고, 내가 하지 못하는 취재를 하고 글을 쓰는 사람들의 노고를 즐기면서 살아간다. 내 아이를 돌본다는 것에 아무런 의미가 없어도 아이를 보고 웃을 수 있다. 지극히 허무하고 혼란스럽고, 그래서 공포스럽고 슬프기도 하지만 나는 어쩐지 자유로움을 느낀다. 저자의 아버지가 남들이 우습다고 눈살을 찌푸리는 복장을 하고 자신이 좋아하는 일들을 열심히 하는, 그런 종류의 자유다.

이 세상에 의미가 있는지, 신은 있는지, 사후 세계가 있는지 그건 아무도 모른다. 의미가 있을지도 모른다. 저자나 조던은 그런 의미를 찾는 이들이다. 그러다가 조던처럼 악행을 저지르기도 하고, 저자처럼 멋진 책을 쓰거나 자기를 헌신해서 봉사를 하는 위대한 종교인이 되기도 한다. 저자처럼 그럼에도 삶에, 우주에 의미가 있다고 믿기로 선택한다면 사랑하는 가족에게건, 종교에건, 과학적 연구 같은 자신의 일에건 헌신하면 된다. 하지만 세상에는 나와 같이 아무것에도 헌신하지 않는 사람도 있다. 과학적 발견에서 나온 '자유'에조차 헌신하지 않는 저자의 아버지 같은 사람 말이다. 모든 것이 무의미하다고 생각하면 우울을 겪거나 오만해질 수도 있다. 혹은 저자의 아버지처럼 유쾌한 사람이 되거나 스피노자처럼 경건한 사람이 될 수도 있다.

그러니 어떤 것에 걸어야 더 좋은지는 당연히 알 수가 없다. 하지만 누구나 무의미의 공포라는 질문을 받고, 거기에 어떠한 대답을 취해야만 한다. 어떤 선택을 했다고 그것이 좋은 삶을 보장하지는 않는다. 그렇지만 모두가 각기 다른 대답을 한다는 사실을 기억하는 것만으로도 너그러워질 수 있을 것이다.

에필로그

이 삶을
권하지 않는다

어느 날 한 익명의 독자가 편지를 보내왔다. 그는 대도시에서 살고 있고 부부 모두 안정적인 직장에서 일하고 있으며 진급도 제때 하고 초등학생인 아이도 있다고 했다. 그런데 스스로는 하루하루 직장 스트레스가 심하고, 자신만의 시간도 가족과 보내는 시간도 부족하며, 이렇게 살다가 끝인가 싶어서 직장을 때려치우기로 마음을 먹었다고 했다. 그런데 막상 그만두려고 하니 갑자기 수입이 없어지는 것과 자신의 가치를 확인할 방법이 없어지는 것, 아이 교육을 전담하게 되는 것도 두려웠다. 그래서 포기하고 직장을 다니는데, 매일 기계적으로 버티는 게 괴롭다며 나의 용기가 부럽고 존경스럽다고 덧붙였다. 예측 가능한 정규직을 버리고 시골에 이사 가서 아이들을 자유

284

롭게 키우는 걸 용기라고 부른 것이다.

여러 번 설명한 것이지만, 한 번 더 말해본다. 나나 우리 가족의 이야기에는 용기나 존경할 만한 무엇은 없다. 실패하고 포기한 이야기가 대부분이다. 실패 끝에 성공을 거둔 것도 아니다. 이렇게 사니까 너무 좋다며 권하고 싶다고 말할 수 없다. 지금의 방식이 성공이나 목표 달성의 결과가 아닌지라, 언제 또 다른 모습으로 살아갈지 모른다. 물론 누구라도 살아가는 것 자체가 위대한 일이긴 하다. 그러나 이 독자가 말한 존경받을 만한 용기를 가진 사람들 중에 나는 절대로 끼지 못한다.

그래도 나는 즐겁게 살아가고 있다. 그러니까 내가 글을 통해 늘 하려는 이야기는 '나'로 살아가는 것이다. 그것은 지금 주어진 나의 정신상태나 주변 환경을 바꾸려고 애쓰지 않는 것이다. 때때로 아쉽게 삐걱거리는 집이나 좀처럼 바뀌지 않는 내 단점을 그대로 안고서 살아보는 것이다. 그것도 꾸역꾸역 견디는 것이 아니라 즐겁게. 독자는 내게 회사를 그만두어야 할지 고민된다고 했지만, 나는 과감히 떠나라고 말하지 않았다. 그만두지 않고 즐겁게 살아가는 방법을 먼저 찾아본 다음에야 그만두는 '용기'가 생길 수도 있다고 대답했다.

회사에서 해야 하는 일이나 정해진 시간은 내가 바꿀 수 없지만, 거기서 무엇을 느끼거나 그것을 느끼기로 작정하는 '나'는 달라질 수 있다. 회사를 그만두든 안 그만두든 그런 결정을 내려야 한다고 정해진 조건을 신경 쓰지 말고, 무슨 이유에서 건 즐거움을 느끼는 순간들을 찾아보는 게 먼저다. 아무리 이상하고 시시한 이유라도, 아무리 짧은 순간이라도 온전히 즐거운 몰입의 순간들을 포착해 보면, 내가 정말 좋아하는 것들이나 나라는 사람의 성향과 취향을 이해하게 될 수 있다.

그런 자기 인식들이 쌓여가면 어떤 결정이든지 저절로 마음에서 피어나지 않을까. 백수든 직장인이든, 한국에 살든 미국에 살든, 아이가 있든 없든, 삶이 백 퍼센트 좋거나 백 퍼센트 싫을 수는 없다. 하지만 막연한 불만과 불편함을 벗어나 세밀하게 내가 좋아하거나 싫어하는 것을 알아내는 것은 다른 차원의 우주를 만드는 일이다. 그런 다음에 드디어 회사를 그만둬야 할지 말지를 좀 더 분명하게 알 수 있다.

하지만 여기서 피곤해진다. 그놈의 '나'. 왜 내가 해야 하고, 왜 내가 느껴야 하는 걸까. 굳이 그래야 하는 이유가 무엇일까. 나는 늘 옳기는커녕 잠시만 돌아보면 뻔한 충동과 모순으로 가득한 사람인데, 왜 많은 이들이 공감하는 사회적 정답이 아니라 '나'의 실험에 따라 살아야 하는 걸까?

이 질문에 답은 없다. 사회적 정답에 가까운 내가 될 수 있다면 그것도 무척 좋을 것이다. 하지만 어떤 이유로든 그러지 못하거나 그런 기준들이 버거운 사람이라면 그 누구보다 내가 되는 것에 집착했던 철학자 소로의 이야기에 귀 기울여 볼 만하다. 그는 『월든』의 맺음말에서 이런 이야기를 했다.

당신 안에 있는 새로운 대륙과 세계를 탐험하는 콜럼버스가 돼라. 무역이 아니라 생각의 새로운 통로를 열어라. 모든 인간은 한 왕국의 왕이며 차르의 제국은 그에 비하면 별 볼 일 없는 국가이며 얼음이 녹고 남은 작은 언덕에 불과하다. 그러나 어떤 사람들은 '자기 존중'이 없이 애국심에 사로잡혀 위대한 것을 사소한 것에 희생하기도 한다.

소로는 국가에 대한 충성이 스스로를 존중해서 자신의 마음을 탐구하는 것보다 덜 중요하다고 말한다. 내 마음이 국가보다 더 위대하다고 말은 할 수 있지만 그걸 진짜 행동으로 옮기는 일은 꽤나 난감한 일이다. 국가만 그런 건 아니다. 소로는 자연을 사랑해서 문명을 버리고 숲으로 갔다는 대의명분조차 지금 자신의 마음보다 덜 중요하게 여겼다. 그는 2년만에 월든의 오두막을 떠났다. "살아야 할 여러 개의 다른 삶"을 찾아서.

소로가 위선자라는 비난은 그의 생전부터 지금까지도 이어지고 있다. 한때 말하고 생각했던 것과 다르게 사는 사람이 위선자라면 그 비난은 옳다. 소로는 우리가 기대하는 위대한 자연주의자도, 오로지 예술 창조에 헌신하는 저술가도, 평화를 위해 싸우는 운동가도 아니었다. 그는 모든 일에 마음을 다했지만, 그 어느 것에도 매이지 않았다. 그는 아무리 위대하고 심각하고 의미가 깊은 것이라고 해도 그 경계 안에 묶이지 않고서 자기 자신이 되는 것을 추구했던 것 같다. 소로는 『월든』에서 변명하는 대신 자신이 원하는 자신만의 삶을 향해 스스로를 믿고 나아갔을 때 삶이 어떤 일이 벌어졌는지 이야기했다. 앞에서 인용했던 대목이지만 다시 한번 옮겨 본다.

그는 (…) 보이지 않는 어떤 경계를 넘게 될 것이다. 새롭고 보편적이며 좀 더 자유로운 규칙들이 저절로 그의 주변과 내부에 자리를 잡기 시작할 것이다. (…) 자신의 삶을 간소화할수록, 우주의 법칙도 덜 복잡해질 것이다. 고독은 고독이 아니고, 가난은 가난이 아니며, 약점은 약점이 아닐 것이다.

이렇게 사는 것이 어떤 것인지 알 것 같으면서도 모를 것 같지 않은가? 1862년 5월 소로가 죽고 나서 같은 해 월간지《디 애틀랜틱》8월 호에 실린 에머슨의 추모글은 의문에 실마리를 준다.

에머슨에 따르면 소로는 자연을 직접 관찰하고 방대한 지식을 쌓았지만 결코 동물학이나 식물학과 같은 체계에 자신을 맞추지 않았다. 이런 학문적 틀에 맞추어야 습득한 지식을 남들로부터 인정받고 일자리가 생겼을 텐데 말이다. 그뿐이 아니다. 소로는 아버지의 연필 공장을 물려받고 끈질긴 노력 끝에 화학자, 미술가들이 인정하는 최고의 연필을 개발하는 데 성공한다. 가족들과 친구들은 하버드 대학을 졸업하고 별다른 직업 없이 살아가던 소로가 드디어 운이 트였다고 기대한다. 그런데 그는 그런 기대는 아랑곳없이 연필 만들기를 중단한다. 안타까워하는 친구들에게 소로는 말했다. "이미 해본 걸 왜 또 하지?" 소로는 정해진 학문의 체계에 자신을 맞추는 학자도, 최고의 연필 장인도 되고 싶지 않았다. 그는 그저 자기 자신이 되고 싶었다.

그러기 위해서 그는 간소하게 살아야 했다. 세상의 기대와 체계를 거부하는 만큼 그는 자신이 기대하지 않아야 하는 것도 정확하게 알고 있었던 게 아닐까. 이런 그에 대해, 한 친구는 "소로를 사랑하지만 그를 좋아하는 건 어렵다"라고 했다고 한다.

그가 결핵에 걸려 죽음을 앞두고 있을 때, 어떤 친구가 그에게 말했다. "이제 신과 화해할 때가 왔네." 소로는 대답했다. "나는 신과 사이가 나빴던 적이 없는데…."

자기 마음 안에 펼쳐진 유일무이한 넓은 땅을 탐험하는 길에 나서는 것은 세상에 불만을 품는 것과는 다르다. 오히려 세상의 요구에 너그러워지게 된다. 그의 단순하고 소박한 삶은 문명을 거부하는 것도, 문명의 이기를 찬양하는 것도 아니었고 단지 자기 자신이 되어가는 자유를 누리기 위해 담담하게 치른

대가였다.

　나 또한 내게 주어진 하나의 삶이 제멋대로 펼쳐지는 모습을
직접 보고 또 느끼고 싶었다. 내 안의 여러 세계를 탐험하고 싶
었다. 설사 그것이 부족하고 모순된 것이라 해도. 나는 소로만
큼 강인하지 못하기에 때때로 불안하다. 그러나 그것 또한 '나'
라고 받아들인다. 그리고 탐험을 앞두고 으레 그러하듯, 불안
은 설렘과 함께 온다.

도시인의 월든

초판 1쇄 발행 2022년 9월 21일
초판 4쇄 발행 2024년 7월 8일

지은이 박혜윤
펴낸이 김선식

부사장 김은영
콘텐츠사업본부장 임보윤
책임편집 김한솔　**디자인** 권예진　**책임마케터** 배한진
콘텐츠사업3팀장 이승환　**콘텐츠사업3팀** 김한솔, 권예진, 이한나
마케팅본부장 권장규　**마케팅2팀** 이고은, 배한진, 양지환　**채널2팀** 권오권
미디어홍보본부장 정명찬　**브랜드관리팀** 안지혜, 오수미, 김은지, 이소영
뉴미디어팀 김민정, 이지은, 홍수경, 서가을
크리에이티브팀 임유나, 박지수, 변승주, 김화정, 장세진, 박장미, 박주현
지식교양팀 이수인, 염아라, 석찬미, 김혜원, 백지은
편집관리팀 조세현, 김호주, 백설희　**저작권팀** 한승빈, 이슬, 윤제희
재무관리팀 하미선, 윤이경, 김재경, 임혜정, 이슬기
인사총무팀 강미숙, 지석배, 김혜진, 황종원
제작관리팀 이소현, 김소영, 김진경, 최완규, 이지우, 박예찬
물류관리팀 김형기, 김선민, 주정훈, 김선진, 한유현, 전태연, 양문현, 이민운
외부스태프 일러스트 엄주

펴낸곳 다산북스　**출판등록** 2005년 12월 23일 제313-2005-00277호
주소 경기도 파주시 회동길 490
전화 02-704-1724　**팩스** 02-703-2219　**이메일** dasanbooks@dasanbooks.com
홈페이지 dasan.group　**블로그** blog.naver.com/dasan_books
종이 IPP　**인쇄** 민언프린텍　**후가공** 제이오엘앤피　**제본** 국일문화사

ISBN 979-11-306-9371-2 (03100)

다산북스(DASANBOOKS)는 독자 여러분의 책에 관한 아이디어와 원고 투고를 기쁜 마음으로 기다리고 있습니다. 책 출간을 원하는 분은 다산북스 홈페이지 '투고원고'란으로 간단한 개요와 취지, 연락처 등을 보내주세요. 머뭇거리지 말고 문을 두드리세요.